Elmar Altvater   Die Weltwährungskrise

Politische Ökonomie
Geschichte und Kritik

Elmar Altvater

Die Weltwährungskrise

Europäische Verlagsanstalt Frankfurt

4. unveränderte Auflage 1974

Frankfurt am Main
Druck: ELEKTRA, Niedernhausen
ISBN 3 434 30025 2
Printed in Germany

Einleitung

Der Kapitalismus hat noch nie so gut funktioniert wie in den vergangenen 20 Jahren. Hohe wirtschaftliche Wachstumsraten sicherten eine stetig steigende Warenfülle[1]; Krisen größeren Ausmaßes erschütterten bisher seine Wirtschaft nicht; sozialrevolutionäre Bewegungen haben bisher die Herrschaft des Kapitals in keinem hochindustrialisierten kapitalistischen Lande beseitigen können; und die bürgerliche Wirtschaftstheorie behauptet, das »moderne wirtschaftspolitische Instrumentarium« entwickelt zu haben, mit dem auch in Zukunft die kapitalistische Entwicklung krisenfrei manipuliert werden könne.

Der Begriff »Kapitalismus«, aus der Zeit zwischen den beiden Weltkriegen mit dem »Odium« der Krise und der Ausbeutung behaftet, wurde durch Bezeichnungen wie: »Konsumgesellschaft«, »Wohlfahrtsstaat«, »soziale Marktwirtschaft«, »Wohlstandsgesellschaft« ersetzt und allenfalls mit dem Beiwörtchen »sozial« als »Sozialkapitalismus« geduldet. Da Begriffe dazu dienen, die Realität theoretisch und praktisch zu begreifen, war mit dem Prozeß der Ausschaltung von Begriffen wie Kapitalismus, Aus-

[1] Die These vom »Wohlstand für alle« geht gerade von der im Kapitalismus der Nachkriegszeit steigenden Warenfülle (natürlich nur in den hochentwickelten Ländern) aus. Waren werden für den Markt produziert und zwar nur dann, wenn sie auch verkauft werden können. Die Bedingungen der Warenproduktion und der Realisierung des in ihnen steckenden Wertes werden dabei nicht voll kalkuliert. Hinter dem gleißenden Schein der Warenfülle verbirgt sich nämlich, daß die Produktion Kosten für Individuum und Gesellschaft verursacht, die gar nicht auf dem Markt bewertet und erstattet werden: Umweltschäden durch Wasser- und Luftverschmutzung, Schäden an der Gesundheit, Raubbau an natürlichen Ressourcen, überhaupt die Zerstörung des menschlichen Lebensmilieus. Die Produktionsbedingungen dieses »Wohlstands« treten demnach in Widerspruch zu menschlichen Bedürfnissen; die Warenproduktion ist nur noch dem Anschein nach Produktion für den Wohlstand, während durch sie gleichzeitig Bedingungen für die Entfaltung der menschlichen Persönlichkeit in wachsendem Umfang zerstört werden.

beutung, Krise, Arbeiterklasse, Kapitalist gleichzeitig ein Prozeß der Anpassung der Arbeiterbewegung an die durch falsche Begriffe bezeichnete falsche Wirklichkeit verbunden. Natürlich sind hier Unterschiede von Land zu Land festzuhalten; aber für Westdeutschland zumindest läßt sich sagen, daß die begrifflich-theoretische Anpassung in der ökonomischen Wissenschaft (gerade auch in den Gewerkschaften) mittlerweise zu bedeutsamen praktischen Konsequenzen für die lohnabhängigen Massen geführt hat: Geht man nämlich theoretisch von der neokeynesianischen These aus, daß der Kapitalismus durch staatliche Wirtschaftspolitik tatsächlich manipulierbar sei und Krisen durch wirtschaftspolitische Fehler hervorgerufen werden, nicht aber durch die immanenten Bewegungsgesetze des Kapitalismus selbst, dann muß man auch folgern: Wenn wir Krisen mit den negativen Folgen für die »Arbeitnehmer«[2] – Arbeitslosigkeit, Einkommensausfall usw. – vermeiden wollen, dann müssen wir daran mitwirken, wirtschaftspolitische Fehler zu vermeiden. Das können wir am besten, indem wir uns direkt an der Wirtschaftspolitik beteiligen. Die Institution, wo wir das am besten können, ist derzeit die »konzertierte Aktion«. Die Parteinahme für die »konzertierte Aktion« ist somit die logische Folge der wirtschaftstheoretischen und wirtschaftspolitischen Auffassungen, wie sie heute in den westdeutschen Gewerkschaften vorherrschen.
Gehen wir aber umgekehrt davon aus, daß der Kapitalismus immer wieder Krisen produziert, daß die Manipulierung dieser Krisen wegen der konträren Interessen in einer Gesellschaft, in der die einen Privateigentümer sind und die anderen noch immer ihre Arbeitskraft als »Arbeitnehmer« verkaufen, nur dann kurzfristig gelingen kann, wenn die Arbeiterinteressen der kapitalistischen »Sachgesetzlichkeit« untergeordnet werden, dann müssen wir konsequenterweise auch »konzertierte Aktionen«, Rücksichtnahmen der Gewerkschaften auf das sogenannte Gesamtwohl, das nichts als das Wohl des Kapitals ist, strikt ablehnen.

---

[2] Friedrich Engels hat bereits darauf aufmerksam gemacht und Ernest Mandel hat in der Broschüre Die deutsche Wirtschaftskrise, Frankfurt/M. 1969, wieder daran erinnert, welche Verkehrung in der Bezeichnung »Arbeitnehmer« für denjenigen steckt, der seine Arbeitskraft gegen Lohn auf dem Arbeitsmarkt verkauft. Man kann nicht oft genug darauf hinweisen, wie wichtig für die Emanzipation der Menschen gerade auch die richtigen Begriffe sind, um sich und die Gesellschaft begreifen zu können und wie sehr falsche Begriffe dazu beitragen, das Herrschaftssystem des Kapitalismus zu stabilisieren.

Nun ist es aber nicht einfach so, daß wir uns willkürlich aussuchen können, für welche dieser Positionen – der Kapitalismus lasse sich krisenfrei mit der »modernen Wirtschaftspolitik« manipulieren einerseits und der Kapitalismus bringt immer wieder Krisen hervor andererseits – wir Partei ergreifen. Vielmehr müssen wir mit theoretisch-analytischen Anstrengungen versuchen, die richtige Theorie zu entwickeln, um uns in der Realität entsprechend unseren Interessen orientieren und die Möglichkeiten in dieser Gesellschaft praktisch entfalten zu können. Dabei hilft uns die kapitalistische Entwicklung selbst weiter. Wenn auch die Neokeynesianer die Manipulierbarkeit der ökonomischen Entwicklung behaupten und dabei für sich in Anspruch nehmen, die wirtschaftliche Rezession in Westdeutschland vom Jahre 1966/67 schnell überwunden zu haben, so haben wir dennoch einen hohen Preis dafür zahlen müssen: Krisenüberwindung bedeutet Ankurbelung der Investitionen; die Unternehmer investieren aber nur, wenn sie sich davon einen Mindestprofit versprechen. Also bedeutet Krisenüberwindung die Ankurbelung der Profite auf Kosten der Arbeitseinkommen. Der »Sachverständigenrat zur Begutachtung der gesamtwirtschaftlichen Entwicklung« schreibt dazu in seinem Jahresgutachten 1968/69 (Ziff. 27): »Vergleicht man die Preisentwicklung mit der Kostenentwicklung, so zeigt sich, daß die Industrieunternehmen nur einen geringen Teil der Kostensenkung, die sie im Anschluß an die Rezession erzielen konnten, in Preissenkungen weitergegeben haben. Die Nachfrageausweitung hat den Unternehmen also nicht nur höhere Umsätze, sondern auch höhere Stückgewinne gebracht. Die Bruttoeinkommen aus Unternehmertätigkeit und Vermögen, die im ersten Halbjahr 1967 fast 7 v. H. unter den entsprechenden Vorjahresstand gesunken waren, gingen bereits im zweiten Halbjahr 1967 über den Vorjahresstand hinaus und lagen im ersten Halbjahr 1968 rund 15 v. H. über dem Rezessionsniveau vom ersten Halbjahr 1967. Die Bruttoeinkommen aus unselbständiger Arbeit übertrafen den Vorjahresstand im ersten Halbjahr 1968 dagegen nur um 5 v. H. ...« Volkswirtschaftliche Sachgesetze, die zur Begründung einer solchen Politik immer wieder zitiert werden, sind demnach nichts anderes als die Gesetze des Kapitals.

Darüber hinaus hat kapitalistische Krisenvermeidungspolitik noch eine bedeutsame Eigenschaft: Sie löst die Krisen nicht, sondern verdrängt sie auf andere Gebiete. Die »Politik der Vermeidungsimperative«, wie Habermas formuliert[3], ist eine Politik der Verdrängung. Die Politik der Überwindung der ökonomischen Rezession hat die Widersprüche, die in der Rezession ihre krisenhafte partielle Lösung fanden, lediglich *externalisiert*, nach außen geschafft. Die Vollbeschäftigung und die Warenfülle verdecken nur die Tatsache, daß die westdeutsche Wirtschaftskrise auf den Weltmarkt »exportiert« worden ist und durch das Weltwährungssystem krisenhaft nach Westdeutschland zurückwirkt. Daraus ergibt sich aber, daß die Politik des Krisenmanagements noch nicht einmal ihren immanenten Ansprüchen genügt, Krisenmanagement *erfolgreich* betreiben zu können. Und jede Unterwerfung unter den Sachzwang einer solchen Politik ist – in der konzertierten Aktion der großen Koalition – für die lohnabhängigen Massen in sich widersprüchlich, erfolglos, falsch.

Die Weltwährungskrise, von der diese Broschüre handelt, steht demnach nicht für sich da; sie ist keine bloße Erschütterung des »Geldschleiers«, sie ist auch nicht nur ein Mangel der technischen Funktionsfähigkeit des gegenwärtigen Weltwährungssystems. Sie kann vielmehr nur im Zusammenhang mit den Problemen kapitalistischer Entwicklung behandelt werden. Sie ist eine der Erscheinungsformen, in der sich die kapitalistischen Krisen heute ausdrücken. Sie ist vielleicht der Ausgangspunkt für eine allgemeine Krise des Weltkapitalismus, die dann allerdings nicht nur Wirtschaftskrise sein wird[4]. Sie ist jedenfalls, wenn diese Per-

---

3 Jürgen Habermas, Technik und Wissenschaft als »Ideologie«, Frankfurt/M. 1968. Diese Theorie geht fälschlich davon aus, daß Vermeidungsimperative tatsächlich die staatliche Politik bestimmen könnten. Vielmehr wird durch Vermeidungspolitik gerade der Regulator kapitalistischer Entwicklung – die Wirtschaftskrise – außer Kraft gesetzt (der Absicht nach zumindest), so daß notwendigerweise Vermeidungspolitik zur aktiven Regulierungspolitik werden muß. Daraus ergeben sich aber für den Staat im Monopolkapitalismus andere Konsequenzen, als wenn er sich lediglich auf Vermeidungspolitik beschränken würde.

4 Die Annahme isolierter Wirtschaftskrisen, die nicht zugleich auch politische und soziale Krisen sind, ist immer unhistorisch und abstrahiert von der Vielfalt der Erscheinungsformen einer Gesellschaft. Die Weltwirtschaftskrise der 20er Jahre war zugleich eine politische und soziale Krise des Kapitalismus; die Krise der Kapitalismen heute hat ihre sozialen und politischen Ausdrucksformen. Das wurde sinnlich erfahrbar, als im Mai 1968 in Frankreich Arbeiter und Studenten gemeinsam gegen das autoritäre System des französischen Kapitalismus revoltierten. Die Frage für die Arbeiterbewegung besteht nicht darin, ob sich eine Wirtschaftskrise als politische manifestiert, sondern wie die allgemeine Krise des Kapitalismus revolutionär ausgenutzt werden kann, wie also die subjektiven Bedingungen für den Sturz des Kapitalismus geschaffen werden können, wenn die objektiven Bedingungen ihn ermöglichen.

spektive nur etwas plausibel ist, bedeutsam genug, um sich mit ihren Ursachen, Erscheinungsformen und Konsequenzen auseinanderzusetzen[5].

[5] Hier soll nicht versucht werden, eine Analyse vorzulegen, in der auf alle auftauchenden Fragen ausführliche Antworten gegeben werden. Der Zweck dieser Broschüre wird bescheidener definiert: Für die individuelle und kollektive Auseinandersetzung mit den Krisenerscheinungen des Kapitalismus, konkret mit der Weltwährungskrise, Material und Interpretationsmöglichkeiten vorzulegen, die in jedem Fall weiterentfaltet werden können und müßten. Die Tatsache, daß in Westdeutschland seit beinahe 20 Jahren keine politische Ökonomie kritisch betrieben wird, hat zu viele weiße Flecken gelassen, als daß sie hier nur einigermaßen adäquat aufgearbeitet werden könnten.

Weltwirtschaft und Weltwährungssystem

Das Weltwährungssystem hat eine eindeutig bestimmbare Aufgabe: es soll den Zahlungsverkehr ermöglichen, der zur Abwicklung von Handels-, Kredit- und Beteiligungsgeschäften, für zwischenstaatliche Transfers und dergleichen mehr notwendig ist. Das Währungssystem ist damit aber historischen Bedingungen unterworfen, d. h. eine internationale Währungsordnung ist nur dann notwendig, wenn internationaler Austausch stattfindet, wenn dieser Austausch als Warenaustausch erfolgt, um dabei einen Profit zu erzielen, und wenn die Weltwirtschaft in viele nationale Währungsgebiete zerfällt. Um also die Probleme des gegenwärtigen Weltwährungssystems begreifen zu können, ist es notwendig, den Bedingungen der weltwirtschaftlichen Entwicklung, insbesondere des Außenhandels in der Nachkriegszeit, nachzugehen.

Warum Außenhandel?

Eines der auffälligsten Merkmale kapitalistischer Entwicklung in den Jahren nach dem Zweiten Weltkrieg ist die gewaltige Steigerung des Welthandels. Von 1950 bis 1967 sind die gesamten Welthandelsumsätze von 476,7 Mrd. DM auf 1572,8 Mrd. DM angestiegen. Die Steigerungsrate beträgt also in den siebzehn Nachkriegsjahren insgesamt 330 v. H., wobei bezeichnenderweise Europa seinen Außenhandel um 400 v. H., und die übrige Welt ihren Außenhandel um »nur« 283 v. H. auszudehnen vermochten. Vergleicht man diese Zahlen mit den entsprechenden Angaben für die Zeit nach dem Ersten Weltkrieg, so fällt der Unterschied unmittelbar auf: Von 1920 bis zum Beginn der Weltwirtschaftskrise im Jahre 1929 sinkt der Welthandelsumsatz von 290,1 auf 284,1 Mrd. RM. Im Verlauf der großen

Krise fallen die Welthandelsumsätze bis zum Jahre 1934 auf einen absoluten Tiefstpunkt von 95,9 Mrd. RM. Zu Beginn des Zweiten Weltkriegs hat der Welthandel (1938: 114,2 Mrd. RM) das Niveau des letzten Jahres vor dem Ersten Weltkrieg (1913: 160,2 Mrd. RM) bei weitem nicht erreicht[1]. Und noch eines ist auffällig, nämlich die Veränderung der Welthandelsstruktur. Betrug in den fünfzig Jahren vor dem Zweiten Weltkrieg der Anteil der international gehandelten Industriewaren durchschnittlich 43 v. H. und der Anteil der Nahrungsmittel und Rohstoffe dementsprechend 57 v. H. der Welthandelsumsätze, so verschoben sich nach dem Zweiten Weltkrieg die Anteile immer mehr, bis schließlich auf die Industriewaren etwa 55 v. H. und auf die Rohprodukte und Nahrungsmittel 45 v. H. des gesamten Welthandels entfallen[2].

Der Welthandel ist somit nicht mehr beinahe ausschließlich derjenige Mechanismus, durch den die Industrieländer sich Rohstoffe und die Rohstoffländer sich Industriewaren besorgen, sondern immer mehr – der Struktur des Binnenhandels ähnlich – ein Austauschmechanismus, durch den die Arbeitsteilung zwischen den entwickelten kapitalistischen Staaten selbst betrieben wird. Darin zeigt sich die Tatsache, daß die Arbeitsteilung der Weltwirtschaft nach dem Zweiten Weltkrieg neue Inhalte und neue Formen angenommen hat.

Wenn man den Außenhandel eines Landes in »Austauschhandel« – der Teil des Außenhandels eines Landes mit einer bestimmten Ware, bei dem die Exporte und die Importe dieser Ware gleich sind – und in »Defizithandel« – der Teil des Außenhandels mit einer Ware, bei dem die Exporte oder die Importe die Importe oder die Exporte übersteigen – aufgliedert, so zeigt es sich, daß der reine »Austauschhandel« seit 1953 zugenommen hat. Wenn wir eine Berechnung von Helmut Hesse zugrundelegen, dann betrug der Anteil des reinen Austauschhandels an den Gesamtexporten von 13 Industriestaaten im Jahre 1953, bezogen auf insgesamt 52 Warengruppen, 41,7 v. H. Der Anteil erhöhte sich bis 1961 auf 51,1 v. H.[3]. Um die Bedeutung dieser Tatsache an

[1] Statistisches Jahrbuch für die Bundesrepublik Deutschland 1968, S. 77*.

[2] Andrew Shonfield, Geplanter Kapitalismus – Wirtschaftspolitik in Westeuropa und USA, Köln–Berlin 1968, S. 27.

[3] Helmut Hesse, Die Bedeutung der reinen Theorie des internationalen Handels für die Erklärung des Außenhandels in der Nachkriegszeit, in: Zeitschrift für die gesamte Staatswissenschaft, 122. Band 1966, berechnet nach der Tabelle von S. 229.

einem Beispiel zu klären: Es ist nicht mehr so, daß Deutschland aus Italien Schreibmaschinen importiert und dafür Kühlschränke exportiert, sondern in zunehmendem Umfang exportieren und importieren sowohl Westdeutschland als auch Italien sowohl Schreibmaschinen als auch Kühlschränke. Der Anteil der industriellen Fertigwaren an Exporten und Importen der hochentwickelten kapitalistischen Länder ist daher entscheidend. Betrachtet man zum Beispiel den Außenhandel zwischen den USA und den EWG-Ländern, so zeigt es sich, daß im Zeitraum 1955 bis 1963 45 v. H. der Exporte der USA in die EWG aus industriellen Fertigwaren bestanden und sogar 82 v. H. der amerikanischen Importe aus der EWG auf industrielle Fertigwaren entfielen.[3a] Nicht mehr allein die traditionelle Teilung der kapitalistischen Welt in reiche und arme, hochentwickelte und schwachentwickelte, Industrieprodukte und Rohstoffe produzierende Länder erzeugt das Gefälle, auf dem der Außenhandel sich entwickelt, vielmehr hat sich innerhalb des Blocks entwickelter kapitalistischer Staaten die Diversifizierung der Produktion und damit des Handels erweitert.

Woran liegt diese offenbare Verschiebung in Volumen, Struktur und Richtung des Welthandels? Die klassische Außenhandelstheorie, die auf der Fiktion des Freihandels basiert, würde auf diese Frage zur Antwort geben: Weil die komparativen Kostenvorteile den Außenhandel profitabel erscheinen lassen und jedes beteiligte Land durch Außenhandel seinen Reichtum mehren kann. Das Land, das relativ billiger eine bestimmte Ware produzieren kann als ein anderes Land, wird diese Ware exportieren und dafür solche Waren importieren, bei deren Produktion das andere Land einen komparativen Kostenvorteil hat. Der internationale Austausch führt dann dazu, daß sich Austauschverhältnisse zwischen den gehandelten Waren herausbilden, die den realen relativen Arbeitskosten entsprechen. Wenn das Austauschverhältnis aufgrund unterschiedlicher realer Arbeitskosten zwischen Kühlschrank und Schreibmaschine – um in unserem Beispiel zu bleiben – in Italien und in Deutschland unterschiedlich ist, dann wird nach dieser Theorie dasjenige Land Schreibmaschinen exportieren und Kühlschränke importie-

[3a] Vgl. Jürgen Rohwedder, Die Entwicklung des Außenhandels zwischen den Vereinigten Staaten und der Europäischen Wirtschaftsgemeinschaft von 1955 bis 1963 und ihre Bestimmungsgründe, Tübingen 1967, berechnet nach Tab. 6, S. 13.

ren, für welches die relativen Austauschverhältnisse zwischen diesen beiden Waren für Schreibmaschinen günstiger (im Vergleich – komparativ – zum anderen Land) sind und umgekehrt.[4] In dieser Argumentation ist impliziert, daß durch Außenhandel die von Land zu Land divergierenden Austauschverhältnisse zwischen den produzierten Waren auf einen Nenner gebracht werden können und daß folglich die international divergierenden Profitraten auf die Produktion verschiedener Waren an verschiedenen Orten durch eben diesen Mechanismus ausgeglichen werden können. Die kapitalistische Produktionsweise bringt den Weltmarkt hervor[5]; der Weltmarkt wird reguliert durch das Gesetz der komparativen Kosten. Auf die Steigerung des Außenhandels nach dem Zweiten Weltkrieg angewendet, besagt

---

[4] Wenn beispielsweise die Produktion von Schreibmaschinen und Kühlschränken absolut gesehen in Italien (oder Westdeutschland) teurer ist als in Westdeutschland (oder Italien) so kann dennoch internationaler Warenaustausch zustandekommen: Kostet in Westdeutschland die Produktion einer Schreibmaschine 120 Arbeitsstunden und die Produktion eines Kühlschranks 100 Arbeitsstunden und betragen die entsprechenden Arbeitszeiten in Italien 80 bzw. 90 Stunden, dann kommt internationaler Handel zustande, da die Austauschrelationen in beiden Ländern voneinander abweichen. In Westdeutschland beträgt die Austauschrelation 1,2:1, in Italien 0,89:1. Westdeutschland exportiert nur Kühlschränke, da es in Italien mehr als 0,88 Einheiten Schreibmaschinen für eine Einheit Kühlschrank erhält und Italien exportiert Schreibmaschinen, da es in Westdeutschland mehr als 0,89 Einheiten Kühlschrank für eine Einheit Schreibmaschinen erhält. Die Zahlen dieses Beispiels sind von David Ricardo zur Demonstration des Theorems der komparativen Kosten genutzt worden; die verglichenen Waren sind bei Ricardo Wein und Tuch, die Länder England und Portugal. Die traditionellen Einwände gegen diese Theorie beziehen sich auf Ricardos Annahme konstanter Kosten pro Produkteinheit und auf die Unmöglichkeit, das genaue Tauschverhältnis auf dem Weltmarkt zu bestimmen – es lassen sich nur die Grenzen, in denen es sich festsetzt, angeben. Vgl. dazu Klaus Rose, Entwicklung und Stand der Außenwirtschaftstheorie, in: Klaus Rose (Hrsg.), Theorie der internationalen Wirtschaftsbeziehungen, Köln und Berlin 1965, S. 14 ff.; Roy Harrod, Die internationalen Wirtschaftsbeziehungen – Theorie und Praxis des Welthandels, Bern o. J.; Hans Möller, Außenwirtschaftspolitik, Wiesbaden 1961.

[5] Die Verallgemeinerung der Warenproduktion, d. h. der Produktion für den anonymen Markt und nicht mehr für den unmittelbaren individuellen und kollektiven Verbrauch durch die gesellschaftlichen Produzenten hat im Verlauf der kapitalistischen Entwicklung notwendigerweise die engen Grenzen nationaler Abgeschlossenheit ausgeweitet und schließlich gesprengt: »Wie sich das Geld zum Weltgeld, entwickelt sich der Warenbesitzer zum Kosmopoliten. Die kosmopolitische Beziehung der Menschen zueinander ist ursprünglich nur ihr Verhältnis als Warenbesitzer. Die Ware ist an und für sich über jede religiöse, politische, nationale und sprachliche Schranke erhaben. Ihre allgemeine Sprache ist der Preis und ihr Gemeinwesen ist das Geld.« Karl Marx, Zur Kritik der politischen Ökonomie, Berlin 1958, S. 164.

dieses Argument: Die komparativen Warenpreise, in Arbeitseinheiten ausgedrückt, differieren von Land zu Land so stark, daß internationaler Handel einen hohen Außenhandelsgewinn abwirft und daher geradezu zu einer Notwendigkeit wird. Aus diesem Argument ist aber zu schlußfolgern, daß mit dem durch Außenhandel bewirkten Ausgleich der international divergierenden Realkostenverhältnisse sich die Zuwachsraten des Welthandels parallel zu den Zuwachsraten der Weltproduktion einspielen müßten. Es zeigt sich aber gerade, daß in den Jahren 1950 bis 1960 die jährliche Wachstumsrate des Sozialprodukts niedriger gewesen ist als die Wachstumsrate der Exporte[6]. Überhaupt zeigt es sich, daß die Wachstumsraten von Produktion und Exporten niemals parallel liefen, sondern in der Regel voneinander abwichen:

Tabelle 1
Durchschnittliche jährliche Wachstumsraten des Sozialprodukts (SP) und des Exportvolumens in einigen kapitalistischen Industrieländern

	1870—1913		1913—1950		1950—1960	
	SP	Exp.[1]	SP	Exp.	SP	Exp.
Belgien	2,7	3,5	1,0	0,2	2,9	7,7
Frankreich	1,6	2,8	0,7	1,1	4,4	7,2
Deutschland	2,9	5,1	1,2	—2,5	7,6	15,8
Italien	1,4	—	1,3	1,4	5,9	11,8
Niederlande	2,2	4,6	2,1	1,2	4,9	10,0
Norwegen	2,2	—	2,7	—	3,5	—
Schweden	3,0	3,8	2,2	1,9	3,3	5,5
Schweiz	2,4	—	2,0	0,3	5,1	7,8
Großbritannien	2,2	2,1	1,7	0,2	2,6	1,9
Kanada	3,8	6,5	2,8	3,3	3,9	3,8
USA	4,3	3,8	2,9	2,3	3,2	5,0
Entwicklungsländer[2]	—	—	—	—	2,5	3,5

[1] 1890–1913.
[2] Afrika, Asien, Mittel- und Südamerika, außer: sozialistische Länder, Japan, Südafrikanische Republik.
Quelle: Angus Maddison, Economic Growth in the West, London–New York 1964, S. 28, 166; UNO, World Economic Survey 1965, S. 3.

[6] Angus Maddison, Economic Growth in the West, New York und London 1964, S. 166: »Als Ergebnis: Der Welthandel ist schneller gewachsen als das Welteinkommen. Die externen Einflüsse, die die Industrieländer in den 50er Jahren betrafen, waren niemals deflationär . . .«

Von 1870 bis 1913 sind die Zuwachsraten der Exporte höher als die Zuwachsraten des Sozialprodukts der entwickelten kapitalistischen Länder. Im Zeitraum 1913–1950, in den zwei Weltkriege und die Weltwirtschaftskrise fallen, zeigt sich genau das umgekehrte Bild, nämlich ein geringfügig steigendes Sozialprodukt mit im Durchschnitt noch geringer steigenden Exporten. Darin drückt sich sehr deutlich die in diesem Zeitraum stattgefundene Desintegration der Weltwirtschaft aus. In den zehn Jahren von 1950 bis 1960 gehen die Exportzuwachsraten – mit Ausnahme Großbritanniens – weit über die Zuwachsraten des Sozialprodukts hinaus, so daß sich die Schlußfolgerung von Andrew Shonfield auf den ersten Anschein ableiten läßt, das schnelle Wirtschaftswachstum nach dem Zweiten Weltkrieg sei zu einem erheblichen Teil dem expandierenden Weltmarkt zu verdanken. Aus diesen Zahlen ergibt sich die Notwendigkeit, einen theoretischen Ansatz zur Erklärung des Außenhandels zu entwickeln, der den jeweiligen Besonderheiten dieser drei Perioden gerecht wird. Generelle Erklärungsmodelle reichen sicherlich nicht aus.

Auch die Theorie, die mit den Namen Heckscher und Ohlin[7] verbunden ist, kann uns kaum weiterhelfen, wenn wir das Phänomen des stark expandierenden Weltmarktes nach dem Zweiten Weltkrieg erklären wollen. Nach dieser Theorie richten sich die internationalen Warenströme nach den Unterschieden in Preisen und Verfügbarkeit der zur Warenproduktion benötigten Produktionsfaktoren. Danach müßten Länder mit relativem Kapitalüberschuß diejenigen Waren exportieren, zu deren Produktion relativ kapitalintensive Verfahren notwendig sind und Länder mit »billigen« Arbeitskräften müßten solche Waren exportieren, die relativ arbeitsintensiv hergestellt worden sind. Diese Theorie allerdings ist lediglich dazu geeignet, den Außenhandel zwischen Ländern auf unterschiedlichem ökonomischem Entwicklungsniveau zu erklären; sie muß versagen, wenn der Handel gerade zwischen denjenigen Ländern am stärksten ausgedehnt wird, die auf einem hohen und relativ gleichzeitigen technologischen Entwicklungsniveau sich befinden. So zeigt auch eine von W. Leontief vorgenommene Analyse der Struktur der US-amerikanischen Wirtschaft, daß »amerikanische Exporte im

[7] Vgl. dazu B. Ohlin, Die Beziehungen zwischen internationalem Handel und internationalen Bewegungen von Kapital und Arbeit, in: Klaus Rose, a. a. O., S. 31 ff.

Durchschnittswert von einer Million Dollar wesentlich weniger Kapital und etwas mehr Arbeit enthalten als benötigt würde, um eine entsprechende Menge amerikanischer konkurrenzfähiger Importe durch heimische Produkte zu ersetzen. Amerikas Beteiligung an der internationalen Arbeitsteilung ist auf seinen arbeitsintensiven statt auf seinen kapitalintensiven Erzeugnisarten aufgebaut. Mit anderen Worten, dieses Land benutzt den Außenhandel zur Ersparung von Kapital und zur Verwendung seines Arbeitsüberschusses und nicht umgekehrt.«[8]

Und Helmut Hesse zieht aus den bereits zitierten Berechnungen den Schluß: »Es liegt ... nahe anzunehmen, daß der wachsende Welthandel der Nachkriegszeit nicht mit einer durch komparative Preisdifferenzen diktierten Arbeitsteilung einhergeht und demnach der reinen Theorie des internationalen Handels kein sehr großer Erklärungswert für diese Zeit zugesprochen werden kann.«[9] Demgegenüber läßt sich auch nicht einwenden, daß die Austauschgesetze deshalb nicht voll gelten und auch empirisch widerlegt werden können, weil – insbesondere nach dem Zweiten Weltkrieg – durch staatliche Interventionen die Liberalisierung des Welthandels als Voraussetzung für das Wirksamwerden dieser Gesetze erst sehr spät, nämlich mit Beginn der 60er Jahre, eingeführt worden ist[10]. Denn in einer solchen Argumentation würde die vermehrte Staatstätigkeit gerade als externer

---

[8] W. Leontief, Domestic Production and Foreign Trade. The American Capital Position Reexamined, in: Proceedings of the American Philosophical Society, 1953, wiederabgedr. in: Economia Internazionale, Bd. 7, 1954, zit. nach: Rudi Gündel, Beziehungen zwischen Außenhandel, Kapitalverwertung und Wachstum, in: Außenwirtschaft und Wachstum, hrsg. von Gunther Kohlmey, Berlin 1969, S. 48.

[9] H. Hesse, a. a. O., S. 228 ff.

[10] Die Konvertibilität der europäischen Währungen, d. h. ihre freie Eintauschbarkeit, wurde erst Ende 1958 hergestellt. Die Liberalisierung des Handels durch Abbau von Import- und Exportrestriktionen (wie Kontingenten) und Zöllen ist noch immer nicht erreicht. Die Versuche zur Handelsliberalisierung im Rahmen der sog. »Kennedy-Runde« werden allenfalls in den 70er Jahren wirksam. Die durchschnittliche Zollsenkung nach der Kennedy-Runde soll 35 v. H. betragen. Dabei sind für einzelne Warengruppen unterschiedliche Zollsenkungen vereinbart worden. Die stärksten Senkungen betreffen Industriewaren, so daß von der Kennedy-Runde insbesondere die entwickelten kapitalistischen Länder profitieren werden. Die Entstehung von Wirtschaftsblöcken, vor allem der EWG, hat dazu beigetragen, den Handel innerhalb des Blocks zu erleichtern, den Handel mit Nicht-EWG-Ländern aber teilweise zu erschweren, auch wenn der EWG-Außenzolltarif letztendlich nicht höher als der Durchschnitt der ehemaligen Landeszolltarife sein wird.

Faktor angenommen, während wir von der Hypothese auszugehen haben, daß gerade die Struktur der entwickelten Kapitalismen, gekennzeichnet durch die Regulierung seitens des Staatsapparats, eine der Ursachen für die Steigerung des Welthandels nach dem Zweiten Weltkrieg gewesen ist. Mit anderen Worten: Die Gründe für die eklatante Steigerung der Welthandelsumsätze müssen in der veränderten ökonomischen Struktur der Weltwirtschaft gesucht werden. Die Monopolisierungstendenzen der nationalen und internationalen Wirtschaft und die daraus folgenden staatlichen Regulierungsmaßnahmen können für die Welthandelstätigkeit nicht irrelevant gewesen sein.

Außenhandel, Weltgeld, Währungssystem

Bevor wir uns diesem Problem ausführlich zuwenden, muß noch die Frage nach dem Verhältnis von Außenhandel (Warenhandel) und Weltgeld, das als Kuppler den Warenhandel vermittelt, erörtert werden. Mit der Schaffung eines Weltmarktes erzeugt die kapitalistische Produktionsweise auch die Notwendigkeit eines »Weltgeldes«. Bereits im Begriff der Ware ist der Begriff des Geldes angelegt, und wenn die Ware »an und für sich über jede religiöse, politische, nationale und sprachliche Schranke erhaben« ist, dann auch das Geld. Es wird zum Weltgeld, und als Weltgeld hilft es, den Weltmarkt zu schaffen: »Wie hinter dem Rücken der Alchimisten, indem sie Gold machen wollten, die Chemie erwuchs, so springen hinter dem Rücken der Warenbesitzer, indem sie der Ware in ihrer verzauberten Gestalt nachjagen, die Quellen der Weltindustrie und des Welthandels auf. Gold und Silber helfen den Weltmarkt schaffen, indem sie in ihrem Geldbegriff sein Dasein antizipieren.«[11] Die Antizipation des Weltmarktes im Geldbegriff der Metalle Gold und Silber ist deshalb selbstverständlich (innerhalb kapitalistischer Warenproduktion), da jede nationale Prägung auf einer bestimmten Gewichtseinheit Gold durch Einschmelzen beseitigt und durch Umprägen die bestimmte Gewichtseinheit Gold zu einer anderen nationalen Währung werden kann. »Wie dasselbe Gold, das in der Form amerikanischer eagles (Zehndollarstücke) in England landet, zum Sovereign wird, nach drei Tagen in Paris als Napoleon

[11] Karl Marx, a. a. O., S. 163.

umläuft, nach einigen Wochen sich in Venedig als Dukate wiederfindet, aber stets denselben Wert behält, wird dem Warenbesitzer klar, daß die Nationalität 'is but the guinea's stamp' (nur die Prägung der Guinee ist). Die erhabene Idee, worin ihm die ganze Welt aufgeht, ist die eines Marktes – des Weltmarkts.«[12]

Jedoch herrschen auf dem Weltmarkt heute andere Verhältnisse vor, da das Gold als Weltgeld eine zurückgehende Rolle spielt. Als Weltgeld fungieren neben dem Gold in zunehmendem Umfang die Währungen der Reservewährungsländer (USA, Großbritannien), der Länder mit »harten« Währungen und die Reservepositionen beim Internationalen Währungsfonds (IWF)[13]. Im Jahre 1967 betrug der Goldanteil an den gesamten Währungsreserven von insgesamt 50 Ländern nurmehr 61,5 v. H., während der Rest auf Devisen[14] als Reserven entfiel[15]. Im Jahre 1966 ist sogar zum ersten Mal in der neueren Geschichte des Kapitalismus der monetäre Goldbestand in der westlichen Welt um schätzungsweise 100 Mio. Dollar zurückgegangen. »Seit 1965 ist ... das Gold als Quelle neuer Währungsreserven praktisch ausgefallen, während es in den 6 Jahren vor 1965 noch durchschnittlich 600 Mio. Dollar jährlich an neuen Reserven beigesteuert hatte.«[16] Das bedeutet, daß der Welthandelsaufschwung der Jahre nach dem Zweiten Weltkrieg und insbesondere in den 60er Jahren nicht der antizipatorischen Kraft des

[12] Karl Marx, a. a. O., S. 164.

[13] Vgl. dazu die Ausführungen auf S. 50.

[14] Als Devisen werden alle Ansprüche auf Zahlungen in fremder Währung an einem ausländischen Platz bezeichnet. Solche Ansprüche haben die Rechtsform von Guthaben bei ausländischen Banken, sowie von auf fremde Währung lautenden, im Ausland zahlbaren Wechseln und Schecks. Die deutsche Bundesbank zählt auch ausländische Banknoten und Münzen zu Devisen, sofern sie bei ausländischen Banken angelegt sind. Ausländische Zentralbanknoten und Münzen, die sich im Inland befinden, werden dagegen als »Sorten« bezeichnet. Vgl. Helmut Lipfert, Devisenhandel, Frankfurt 1958.

[15] Berechnet nach Statistisches Jahrbuch für die Bundesrepublik Deutschland 1968, Tabelle, S. 105, ohne IWF-Reserve-Positionen.

[16] Geschäftsbericht der deutschen Bundesbank für das Jahr 1966, S. 35. Nach Fritz Diwok, Gold, Dollar und unser Geld, Wien-München-Zürich 1968, S. 41 hat sich die Weltgolderzeugung seit 1929 wie folgt entwickelt: sie stieg von 18,3 Mio. Feinunzen im Jahre 1929 auf 40,3 Mio. Feinunzen 1967. Wenn die Feinunze mit dem amtlichen Preis von 35 Dollar berechnet wird, ergibt sich daraus eine Wertsteigerung von 640 Mio. Dollar auf 1,4 Mrd. Dollar. Die Weltgoldproduktion (ohne die sozialistischen Länder!) hat sich seit 1929 also nur verdoppelt, während der Welthandel sich im gleichen Zeitraum mehr als verfünffacht hat.

Goldes[16a] als Weltgeld zu verdanken ist, sondern durch nationales Weltgeld (Dollar, Pfund Sterling) vermittelt wurde, das nicht einfach mit einer technischen Umprägung seine nationale Haut abstreifen kann, vielmehr als Weltgeld immer US-amerikanische Dollar und britisches Pfund Sterling bleiben muß. Hierin liegt eine der wichtigsten Ursachen für die zyklischen Weltwährungskrisen, auf die noch einzugehen sein wird.
Aber auch die anderen Währungsreserven außer dem Gold, nämlich Devisen und IWF-Reservepositionen, haben die auftretende Divergenz zwischen Goldangebot und Ausweitung des Welthandels nicht ganz decken können.
Es zeigt sich an dieser Tabelle, daß die jahresdurchschnittliche Zunahme in den Jahren von Ende 1949 bis Ende 1959 nur 2,3% betrug und in den Jahren von Ende 1959 bis Ende 1966 nur 3,1% ausmachte. Wir wissen aber, daß die Zuwachsraten des Welthandels weit höher waren als diese Zuwachsraten der Weltwährungsreserven, was ja nichts anderes bedeutet, als daß die Umschlagsgeschwindigkeit des »Weltgeldes« gesteigert werden mußte. Da diese Steigerung aber nicht automatisch zustandekommen kann, waren eine Reihe institutioneller Maßnahmen notwendig, um die einzelnen Länder mit internationaler Liquidität zu versorgen, wenn sie einen unabweisbaren Bedarf danach hatten. Die Geschichte der institutionellen Maßnahmen im Rahmen des IWF, des »Goldpools«, des »Zehnerclubs«, der »Swapabkommen«, der »Sonderziehungsrechte« in den 60er Jahren – nach Aufhebung der Konvertibilitätsbeschränkungen Ende der 50er Jahre durch die entwickelten kapitalistischen Staaten – kann unter diesem Aspekt geschrieben werden (Vgl. dazu S. 50 f.).
Die im gleichen Zeitraum wachsende Ungleichmäßigkeit der Verteilung – die EWG-Länder konnten ihre Währungsreserven von 1949 bis 1959 um jährlich 16 v. H. und im Zeitraum 1959–1966 um jährlich 10 v. H. überdurchschnittlich steigern – mußte das Problem der Weltliquidität noch verschärfen und immer dann zu Währungskrisen führen, wenn anzunehmen war, daß aufgrund der Ungleichmäßigkeit der Verteilung währungspoli-

[16a] Das Gold entwickelt diese antizipatorische Kraft nicht erst aufgrund seiner Quantität, sondern aufgrund seiner Qualität als Weltgeld; jedoch hängt das Ausmaß dieser Wirkung weitgehend von der zur Verfügung stehenden Quantität des Goldes ab. Nicht zuletzt deshalb wurde der kapitalistische Aufschwung gerade durch die Erschließung neuer Goldquellen (Lateinamerika im 15., 16. Jahrhundert; Nordamerika, Südafrika im 19. Jahrhundert) genährt, also durch Zunahme der Quantität des Goldes.

Tabelle 2
Entwicklung der Weltwährungsreserven (Gold, Devisen, IWF-Reservepositionen)

Zeitraum	Alle Länder Veränderung in Mio $	vH	EWG-Länder Veränderung in Mio $	vH
1950	3 200	7,0	189	6,8
1952	560	1,1	910	15,9
1954	1 690	3,3	1 400	24,4
1956	1 845	3,4	420	4,9
1958	925	1,6	2 852	30,5
1959[1]	—245	—0,4	125	1,0
im Durchschnitt von Ende 1949 bis Ende 1959	1 181	2,3	954	16,0
1960	2 925	5,1	3 594	29,1
1961	2 035	3,4	2 174	13,7
1962	310	0,5	424	2,3
1963	3 395	5,4	1 484	8,0
1964	2 455	3,7	1 965	9,8
1965	1 355	2,0	936	4,3
1966	1 250	1,8	1 188	5,2
im Durchschnitt von Ende 1959 bis Ende 1966	1 961	3,1	1 681	10,0

[1] Mit Beginn des Jahres 1959 sind nichtkonvertierbare Währungen, Forderungen auf Grund von Zahlungsabkommen sowie bilaterale Forderungen auf Grund der EZU-Liquidation nicht mehr in den Währungsreserven enthalten.

Quelle: Geschäftsbericht der Deutschen Bundesbank für das Jahr 1966, S. 35.

tische Maßnahmen (etwa eine Abwertung oder Aufwertung irgendeiner Währung) zu erwarten war.

Über die wachsende Ungleichmäßigkeit der Verteilung der Weltwährungsreserven informiert auch nachstehende Tabelle 3.

Die Weltwährungsreserven der kapitalistischen Welt sind demnach nicht nur relativ gering gestiegen, sie sind auch in großem Maßstab von den Leitwährungsländern USA und Großbritannien auf die EWG-Staaten umverteilt worden.

Tabelle 3
Währungsreserven der kapitalistischen Welt

	1950	1957	1967	1950	1957	1967
	in Millionen Dollar			in vH		
Kapitalist. Welt insges.	48 435	56 320	71 010	100,0	100,0	100,0
USA	22 820	22 857	14 274	47,1	40,6	20,1
EWG	2 924	9 264	24 374	6,0	16,4	34,3
BRD	1 190	5 114	7 793	2,5	9,1	11,0
Italien	602	1 345	4 965	1,2	2,4	7,0
Frankreich	791	645	6 688	1,6	1,1	9,4
Großbritannien	3 668	2 374	2 834	7,6	4,2	4,0
Schweiz	1 579	1 898	3 239	3,2	3,4	4,8

Quelle: nach A. W. Kirsanow, Die USA und Westeuropa, Berlin 1968, S. 237.

Aus diesen Zahlen aber muß der Schluß gezogen werden, daß die Ausweitung des Welthandels nicht durch ein Übermaß an Liquidität hervorgerufen worden ist, sondern sicherlich anderen Faktoren zu verdanken ist. Das Postulat von J. M. Keynes nach der Weltwirtschaftskrise, daß immer ausreichende internationale Liquidität zur Verfügung stehen müsse, um den autarkischen Tendenzen, wie sie in den 30er Jahren bestimmend waren, begegnen zu können[17], ist nicht deshalb falsch, weil die Nachkriegszeit erwiesen hat, daß Welthandel auch unter restriktiven Liquiditätsbedingungen erfolgreich entfaltet werden kann; diese Annahme ist vielmehr problematisch, weil die monetäre Seite des Welthandels verabsolutiert wird und daher die Perspektiven verbaut werden, die Faktoren für die Welthandelsentwicklung der Nachkriegszeit in der Produktionsstruktur des Monopolkapitalismus suchen.
So stellt sich das Verhältnis zwischen realer Entwicklung des Warenhandels und monetärer Struktur der Weltwirtschaft, wie sie im Weltwährungssystem zum Ausdruck kommt, als wechselseitiges heraus: Solange der Welthandel aufgrund der wirtschaftlichen Entwicklung der hochindustrialisierten Kapitalismen expandiert, können die im Weltwährungssystem angehäuften Widersprüche und krisenhaften Tendenzen lediglich in zyklischen

[17] Vgl. dazu W. M. Scamell, International Monetary Policy, London 1957.

Krisen virulent werden; auf die Dauer aber werden zyklische Krisen im Weltwährungssystem strukturelle Änderungen erzwingen, die für die Reproduktion des Kapitals Schwierigkeiten hervorrufen werden. (Wahrscheinlich eine Korrektur der Wechselkurse, die allerdings nicht geplant, sondern aufgrund der nationalen Interessen der beteiligten Länder durch eine Phase von Abwertungen vor sich gehen wird.)
Zwischen kapitalistischer Produktionsweise, Weltmarkt und Weltgeld existiert eine widersprüchliche Einheit, die die Grundproblematik des gegenwärtigen Weltwährungssystems bestimmt: Der Kapitalismus braucht zur expansiven Entfaltung einen expandierenden Weltmarkt und daher auch ein funktionierendes Weltwährungssystem; das Weltwährungssystem kann aber nur funktionieren, wenn der Kapitalismus krisenfrei expandiert. Um also den Ursachen der Weltwährungskrisen, das ist die unmittelbare Schlußfolgerung aus diesem Argument, auf die Spur kommen zu können, müssen die Bedingungen kapitalistischer Expansion im allgemeinen und auf dem Weltmarkt im besonderen sowie deren Auswirkungen auf das Weltwährungssystem untersucht werden.

Bedingungen der Expansion des kapitalistischen Weltmarktes

Für die auffällige Expansion des kapitalistischen Weltmarktes nach dem Zweiten Weltkrieg sind Faktoren verantwortlich, die über die »Nachfrageseite« und über die »Angebotsseite« der Weltwirtschaft wirkten. Zwar ist die Bedeutung dieser Faktoren nicht in jedem Lande gleich, aber dennoch lassen sich summarisch folgende Bedingungen der Expansion aufführen:
a) Das Wirtschaftswachstum der entwickelten kapitalistischen Staaten nach dem Zweiten Weltkrieg erfolgte unter besonders günstigen Verwertungsbedingungen. Der zwanzig Jahre hindurch – als Folge von Wirtschaftskrise und Weltkrieg – nicht befriedigte Bedarf hatte sich zu einem ungeheuren Nachholbedarf aufgestaut, der nur mit Geld ausgestattet zu werden brauchte, um als Konsumnachfrage auf dem Markt zu erscheinen. Insbesondere dauerhafte Konsumgüter wie Elektrogeräte, Automobile, Haushaltsgeräte und vor allem Wohnungen waren die begehrten Objekte dieser Nachfrage, so daß die entsprechenden Industriezweige jahrelang für den Nachholbedarf zu produzieren

vermochten. Die von der Nachfrage ausgehenden multiplikativen Impulse zogen die gesamte Volkswirtschaft im Expansionsstrom mit sich.

b) Die geographisch begrenzten, aber ökonomisch die ganze kapitalistische Welt berührenden Kriege (Korea, Nahost, Vietnam) führten weiterhin dazu, daß zuerst in den USA, später in allen entwickelten kapitalistischen Staaten die Produktionskapazitäten weitgehend ausgelastet werden konnten. Wie die BRD vom »Korea-Boom« profitierte, so profitieren Japan und die südostasiatischen Vasallenstaaten der USA heute vom »Vietnam-Boom«. Die Investitionstätigkeit wurde dadurch angereizt und, wie in der BRD, durch staatliche Finanzierungshilfen begünstigt.

c) Die angebliche »kommunistische Gefahr«, in den ersten Jahren nach dem Weltkrieg fast ausschließlich der Sowjetunion angelastet, später auf China und die nationalen Befreiungsbewegungen der Dritten Welt ausgedehnt, diente und dient als Rechtfertigung für die in den USA sehr schnell, in den westeuropäischen Ländern mit einer mehrjährigen Verzögerung anlaufenden gewaltigen Rüstungsausgaben. Im Jahrzehnt von 1949 bis 1960 wurden von den USA 500 Mrd. Dollar für Rüstungszwecke ausgeworfen, von Westeuropa weitere 135 Mrd. Dollar, so daß sich eine unproduktive Gesamtnachfrage der kapitalistischen Welt von fast 650 Mrd. Dollar ergibt.[18] Zu dieser schon sehr hohen Summe müssen für den Zeitraum 1961–1967 für die USA allein weitere 410 Mrd. Dollar und für die NATO insgesamt 540 Mrd. Dollar gezählt werden[19], wie aus nachstehender Tabelle hervorgeht.

Diese Summen dehnten zwar die Gesamtnachfrage der kapitalistischen Welt aus, bewirkten aber keine Steigerung der Kapazitäten für produktive Produktion, so daß die Schere zwischen Produktionskraft und Konsumtionskraft zumindest nicht weiter aufgerissen wurde. Denn Rüstungsausgaben haben Vergeudungscharakter; sie erhöhen zwar die unproduktive Konsumtion, bewirken aber keine Steigerung der Produktionskapazitäten. Nachfragesteigerung, ohne daß die Form der Befriedigung dieser Nachfrage zu Steigerungen der Produktionskraft führt – wie es bei Investitionsgütern notwendig der Fall ist – bedeutet si-

[18] Vgl. dazu Fritz Vilmar, Rüstung und Abrüstung im Spätkapitalismus, Frankfurt/M. 1967. Die Zahlen sind nach Tabelle 4, S. 38 berechnet.

[19] DWI-Berichte, 20. Jahrg. Februar 1969, S. 27. Tabelle 4 ist dieser Ausgabe entnommen.

Tabelle 4
Rüstungsausgaben der NATO-Staaten 1949 bis 1967 (umgerechnet auf

Jahr	USA	Westdeutschland	Großbritannien	Frankreich	Italien	Kanada
1949	13 580		2 181	1 079	485	391
1950	14 559		2 377	1 261	565	520
1951	33 398		3 217	1 987	731	1 281
1952	47 852		4 371	2 826	834	1 969
1953	49 621	1 474	4 707	3 127	768	2 069
1954	42 900	1 496	4 399	2 641	869	1 860
1955	40 518	1 757	4 388	2 485	882	1 910
1956	41 773	1 716	4 522	3 313	934	1 982
1957	44 548	2 133	4 407	3 518	978	1 920
1958	45 503	1 631	4 455	3 736	1 035	1 827
1959	46 614	2 639	4 449	4 042	1 067	1 724
1960	46 545	2 883	4 634	4 271	1 136	1 737
1961	49 417	3 294	4 785	4 495	1 198	1 797
1962	52 382	4 308	5 079	4 839	1 378	1 674
1963	52 343	4 877	5 443	4 864	1 552	1 614
1964	51 213	4 888	5 606	5 475	1 789	1 675
1965	51 395	5 002	6 045	5 705	1 861	1 622
1966[1]	71 325	4 914	5 757	4 387	1 563	1 445
1967[1]	76 828	5 413	5 922	4 598	1 747	1 585
1949–1967 insgesamt	873 754	48 425	86 744	68 649	21 372	30 602

[1] Auf Grund der unterschiedlichen Quellen sind die Rüstungsausgaben für 1966 und 1967 mit denen der Vorjahre für einige Länder (vor allem Frankreich, Italien) nur bedingt vergleichbar. Die den Angaben bis 1965 zu Grunde liegenden NATO-Statistiken rechnen den Rüstungsausgaben andere Ausgabenarten hinzu als die offiziellen Statistiken einiger Länder, die für die letzten beiden Jahre herangezogen werden mußten.
[2] Der Rückgang erklärt sich durch eine erhebliche Währungsabwertung in der Türkei, die im Jahre 1961 erfolgte.
[3] In den Gesamtsummen sind zusätzlich die Rüstungsausgaben Luxemburgs enthalten.

chere Profite, die sich auf die privatkapitalistischen Dispositionen stimulierend auswirken.

d) Da überdies nach dem Zweiten Weltkrieg die Möglichkeiten einer sozialistischen Alternative auch in Westeuropa vorhanden waren, konnten die kurzfristigen kapitalistischen Interessen nicht mehr zum Tragen kommen. Die Schwächung der westeuro-

Millionen US-Dollar)

Belgien	Niederlande	Portugal	Dänemark	Norwegen	Türkei	Griechenland	Insgesamt[3]
153	179	49	52	52	198	54	18 455
165	237	53	52	50	214	66	20 122
268	279	54	68	80	233	87	41 628
399	330	59	98	116	259	88	59 210
396	350	69	129	149	295	92	63 256
399	417	73	128	160	334	114	55 801
341	447	77	133	133	384	123	53 590
341	488	80	136	135	414	164	56 006
367	486	83	147	147	452	149	59 344
366	436	87	143	143	525	149	60 045
374	396	98	143	155	769	158	62 636
383	455	105	161	148	859	170	63 492
391	556	171	171	165	302[2]	168	66 916
422	603	200	225	192	331	170	71 810
449	621	211	231	209	366	184	73 872
497	734	225	255	220	382	188	73 156
514	734	252	277	260	402	206	74 824
559	784	208	277	260	386	210	92 085
557	873	230	280	292	436	240	99 011
7 341	9 405	2 384	3 106	3 066	7 541	2 780	1 165 319

Quellen: Für die Jahre 1949 bis 1965: NATO-Letter, Paris, Ausgaben vom Januar 1963, S. 26, Januar 1964, S. 23 und Januar 1966, S. 29; für die Jahre 1966 und 1967: Statistisches Jahrbuch für die Bundesrepublik Deutschland 1967, S. 110–111*

päischen Konkurrenz wurde nicht mehr dazu benutzt, ihr den Gnadenstoß zu versetzen (wie es nach dem Ersten Weltkrieg im Vertrag von Versailles versucht worden ist); die langfristigen Interessen erforderten vielmehr, den Kapitalismus als ein Weltsystem zu stabilisieren. Die USA als das kapitalistische Land mit noch intaktem Produktionsapparat mußten es daher unternehmen, die westeuropäischen kapitalistischen Länder sowohl ökonomisch und finanziell, als auch politisch und militärisch zu stützen, um dadurch eine weltweite antikommunistische »heilige

Allianz« zustande zu bringen. Konkretes Mittel zu diesem Zweck war der Marshall-Plan, in dessen Verlauf von den USA Kaufkraft auf die westeuropäischen kapitalistischen Staaten in Höhe von etwa 13 Mrd. Dollar im Zeitraum April 1948 bis Februar 1952 übertragen wurden.[20] Die Umverteilung der Kaufkraft hatte jedoch nicht nur einen Umverteilungseffekt, sondern erhöhte die Gesamtkaufkraft der kapitalistischen Welt[21], da die Gelder in den USA nicht anzulegen gewesen wären. So konnten vom Marshall-Plan über die von westeuropäischen Staaten ausgehenden Bestellungen wiederum besonders die USA profitieren.

---

[20] A. W. Kirsanow, Die USA und Westeuropa, Berlin 1968, S. 28, zitiert folgende Tabelle, die die Größenordnung angibt:

Kredite der USA an die Teilnehmerländer des Marshallplans von April 1948 bis Februar 1952 (in Millionen Dollar)

Länder	Gesamtsumme	v. H.	darunter Zuwendungen	v. H.	Darlehen	v. H.	Bedingte Hilfe	v. H.
Länder insgesamt	12 992,5	100	9 290,2	100	1 139,6	100	1 517,2	100
darunter:								
Großbritannien	3 165,8	24,4	1 956,9	21,0	336,9	29,6	532,1	35,1
Frankreich	2 629,8	20,2	2 212,1	23,8	182,4	16,0	61,4	4,0
Italien	1 434,6	11,0	1 174,4	12,6	73,0	6,4	87,2	5,7
Westdeutschland	1 317,3	10,1	1 078,7	11,6	—	—	213,6	14,4
Niederlande	1 078,7	8,3	796,4	8,6	150,7	13,2	31,6	2,1
Österreich	653,8	5,0	556,1	6,0	—	—	4,6	0,3
Griechenland	628,0	4,8	514,9	5,5	—	—	—	—
Belgien–Luxemburg	546,6	4,2	32,4	0,3	68,1	6,0	446,0	29,4
Dänemark	266,4	2,1	217,3	2,3	31,0	2,7	9,1	0,6
Norwegen	241,9	1,9	196,0	2,1	35,0	3,1	10,9	0,7
Türkei	184,5	1,4	62,4	0,7	72,8	6,4	17,3	1,1
Irland	146,2	1,1	18,0	0,2	128,2	11,2	—	—
Schweden	107,1	0,8	—	—	20,4	1,8	36,7	5,7
Portugal	50,5	0,4	5,5	0,1	36,7	3,2	8,3	0,5
Spanien	26,8	0,2	15,9	0,2	4,3	0,4	3,5	0,2

Quelle: »Procurement Authorisations and Allotments Mutual. Security Agency«, Division of Statistics and Report, 29. Februar 1952.

[21] Diese US-amerikanischen Aktivitäten zur weltwirtschaftlichen Integration durch »Hilfe« hat so manche zu penetranter Lobhudelei auf die USA bewegt. Ein schönes Beispiel liefert der angesehene Ökonom Roy Harrod, The Dollar, New York 1963, S. XII: »Es ist eine wunderbare Sache, daß die Amerikaner die Fortsetzung der Hilfe an weniger glückliche Nationen der freien Welt gewählt haben. Hier wird eine Generosität gezeigt, die neu in der Menschheitsgeschichte ist.« Wenn der Begriff für Interessen in der ökonomischen Theorie verloren geht, dann muß notwendigerweise Rekurs auf Kategorien wie Generosität usw. genommen werden.

Insgesamt gesehen bewirkten diese Faktoren – Nachholbedarf an dauerhaften Konsumgütern, Rüstungsausgaben, Kriegskosten und Marshall-Plan-Hilfe –, daß dem Wachstum der kapitalistischen Wirtschaften jahrelang von der Nachfrageseite her keine Grenzen gesetzt waren. Andererseits beinhaltete die spezifische Art und Weise, in der Kaufkraft geschaffen bzw. umverteilt wurde, daß die nationalen Zahlungsbilanzen davon nicht unbeeinflußt blieben. Rüstungsausgaben, insbesondere wenn sie Devisen beanspruchen (Vgl. S. 63, Tab. 12), sind notwendigerweise einseitige Transfers, denen keine Einnahmen gegenüberstehen und die daher die Zahlungsbilanz ins Defizit ziehen. Ebenso ist es mit der Marshall-Plan-Hilfe, die notwendigerweise auf die US-amerikanische Zahlungsbilanz negativ wirken mußte. So ist bereits seit den 40er Jahren, in der Struktur der ökonomischen Beziehungen der kapitalistischen Staaten die Währungskrise angelegt.[22]
Wichtig für das rasante Wachstum des Weltkapitalismus nach dem Zweiten Weltkrieg ist auch die Tatsache, daß ausreichende *Wachstumspotentiale* zur Verfügung standen, um die Nachfrage zu befriedigen. Eine ausreichende Anzahl von Arbeitskräften mit einer den technologischen Erfordernissen entsprechenden Qualifikationsstruktur ermöglichte die Realisierung privater Investitionsvorhaben und die Einführung neuer Techniken in außergewöhnlich schneller Aufeinanderfolge.[23] Die

---

[22] Da andererseits jedoch diese »Hilfen« die Voraussetzungen für Warenexporte der USA bildeten, hatten sie neben dem negativen Effekt auf die Gesamtzahlungsbilanz einen durchaus positiven Effekt auf die Warenhandelsbilanz der USA.

[23] So schreibt G. Mechanik, Die wissenschaftlich-technische Revolution und ihre Einwirkung auf die kapitalistische Wirtschaft, in: Sowjetwissenschaft – Gesellschaftswissenschaftliche Beiträge, April 1967, S. 347 über die immer schnellere Abfolge zwischen Entdeckung und Anwendung technischer Verfahren: »Während zwischen der Entdeckung des Prinzips der Photographie und ihrer ersten Anwendung 102 Jahre (1727–1829) lagen, verringerte sich der Zeitraum für das Telefon auf 56 Jahre (1820–1876), für das Radio auf 35 (1867–1902), das Fernsehen auf 14 (1922–1936), das Radargerät auf 14 (1926–1940), die Atombombe auf 6 (1939–1945), den Transistor auf 5 (1948–1953), den Laser (beginnend mit dem Maser) auf 5 Jahre (1956–1961).« Vgl. auch P. Lelong, L'évolution de la science et la planification de la recherche, Revue économique, 1964, Heft 1. Auch J.-J. Servan-Schreiber, Die amerikanische Herausforderung, Hamburg 1968, S. 79 f., präsentiert diese Zahlen und fügt noch hinzu, daß zwischen Erfindung und Anwendung der integrierten Schiltkreise in der Elektronik nur 3 Jahre liegen (1958–1961). Ernest Mandel, Die EWG und die Konkurrenz Europa–Amerika, Frankfurt/M. 1968, S. 26 übernimmt Servan-Schreibers Zahlen.

»zweite industrielle Revolution«, mit den Begriffen: Automatisierung, Chemisierung, Elektronik, Atomtechnik umschrieben, wurde durch die ausreichende Qualifikationsstruktur erst ermöglicht. Die Forschungs- und Entwicklungsprozesse konnten realisiert, d. h. in produktionswirksame Technologien umgesetzt werden, da die Arbeitskräfte sich die notwendigen Qualifikationen sehr schnell aneignen konnten.
Zum ersten Male seit dem Ersten Weltkrieg entwickelte der Kapitalismus eine Tendenz, seine Produktionskapazitäten in gewaltigem Umfang zu steigern. Produktionspotentiale und Nachfrage bedingten sich in diesem sich selbst tragenden Prozeß gegenseitig. Die Nachfrage konnte nur befriedigt werden, da die Entwicklung der Produktionspotentiale dies zuließ; die Produktionspotentiale konnten ausgelastet werden, weil die Nachfrage in der kapitalistischen Welt permanent ausgeweitet wurde.
Diese Entwicklung von Produktions- und Konsumtionskraft ist der wichtigste Grund für die starke Steigerung des Außenhandels in den vergangenen 20 Jahren. Mit der überproportionalen Steigerung des Außenhandels wurde die nach dem Ersten Weltkrieg erfolgte weltwirtschaftliche Desintegration aufgehoben. Die Integration durch Außenhandel, Kapitalexport und – insbesondere in Westeuropa – durch die Bildung übernationaler Wirtschaftsblöcke (EWG, EFTA) wäre nicht möglich gewesen, wenn nicht das Wachstum der Produktion und der Konsumtion aufgrund der beschriebenen Faktoren sich relativ (im Vergleich zu anderen Perioden kapitalistischer Entwicklung) schnell hätte entfalten können.

Die Ungleichzeitigkeit der Entwicklung und die Monopolisierungstendenz

Hier sind jedoch zwei zusätzliche Faktoren zu berücksichtigen: *Erstens.* Die kapitalistische Entwicklung vollzieht sich nicht gleichmäßig in allen Ländern, sondern ungleichmäßig, ungleichzeitig. Die ökonomische und technologische Ungleichzeitigkeit der Entwicklung ist eines der fundamentalen Prinzipien, die die kapitalistische Entwicklung überhaupt kennzeichnen.
Die technologische Lücke, die »managerial gap« zwischen den USA und Westeuropa, das Nachhinken der durchschnittlichen Produktivität der britischen Industrie gegenüber den westeuro-

päischen Konkurrenzländern, die Unterschiedlichkeit der Durchschnittsgröße der Konzerne in den USA und Westeuropa, die divergierenden Wachstumsraten der Produktion der westeuropäischen, US-amerikanischen und japanischen Industrie, die unterschiedliche Höhe der auf das investierte Kapital erzielten Profitraten in den einzelnen Ländern, die Unterschiede im Lebensniveau der Bevölkerung in hochentwickelten und schwach entwickelten kapitalistischen Staaten[24] – all das sind Ausdrucksformen dieses fundamentalen Prinzips der Ungleichzeitigkeit der Entwicklung.

Die schnelle und zügige Expansion des Kapitalismus nach dem

[24] Vgl. dazu J.-J. Servan-Schreiber, a. a. O. und vor allem Ernest Mandel, a. a. O. Der Rückstand Europas gegenüber den USA von 15 Jahren – so Servan-Schreiber, S. 115, dokumentiert sich in vielen Zahlen, z. B. in den Forschungsausgaben, die in den USA absolut und relativ höher als in Westeuropa sind (so geben die drei US-Chemiekonzerne Du Pont de Nemours, Union Carbide und International Harvester 110, 78, resp. 64 Mio. Dollar jährlich für Forschungszwecke aus, die drei westdeutschen Chemie-Konzerne Hoechst, Bayer und BASF dagegen nur 64, 60 resp. 54 Mio. Dollar, nach Servan-Schreiber, S. 79), oder in der Ausbildung (in den USA sind 43 v. H. der 20–24jährigen noch Studenten, in Westdeutschland nur 7,5 v. H. und in Frankreich nur 16 v. H.), oder in der Unternehmensgröße (in der Rangordnung entsprechend dem Umsatz sind unter den größten 50 Konzernen im Jahre 1967 nur acht westeuropäische; das größte westdeutsche Unternehmen, das Volkswagenwerk, rangiert erst an 37. Stelle, nach Fortune vom 15. 6. 1968, S. 188 ff). Nach dem europäischen IBM-Chef Bösenberg ist die »technologische Lücke ... eine Folge der Managementlücke«. (Die Zeit, 12. April 1968) und Servan-Schreiber kommt zu dem Ergebnis (S. 82): »Der technologische Vorsprung ist die Folge virtuoser Betriebslenkung ...«
In einer OECD-Studie werden folgende charakteristische Angaben für die »technologische Lücke« gemacht: Die »technologische Zahlungsbilanz«, d. h. die Gegenüberstellung von Einnahmen und Ausgaben eines Landes für technologische Transaktionen (Patente, Lizenzen usw.), hat für die USA, Frankreich und Westdeutschland folgende Werte:

	Einnahmen	Zahlungen	Bilanz
USA	577	63	514
Frankreich	40	107	—67
BRD	50	135	—85

Die Zahlen beziehen sich auf die Jahre 1961, 1962 bzw. 1963
Allein gegenüber den USA weisen Frankreich, die BRD und England folgende technologische Zahlungsbilanzen auf:

	Einnahmen	Zahlungen	Bilanz
Frankreich	11	53	—42
BRD	10	52	—42
England	17	86	—69

C. Freeman and A. Young, The Research and Development Effort in Western Europe, North America and the Sowiet Union, OECD, Paris 1965.

Zweiten Weltkrieg vermochte die Ungleichzeitigkeit der Entwicklung und die daraus sich ergebenden Probleme zwar zu überdecken, jedoch nicht zu lösen. Im Gegenteil: Je enger die Grenzen der Wachstumspotentiale der kapitalistischen Welt und je enger die Konsumtionskraft der kapitalistischen Welt im Vergleich zur gewaltig gesteigerten Produktionskraft, desto fühlbarer wird auch das Problem der Ungleichzeitigkeit. Die Versuche, den technologischen und Manager-Vorsprung der USA durch gesamteuropäische technologische Kooperation zu verringern, die Anstrengungen der Labour-Regierung in Großbritannien, die britische Industrie auf Kosten der Arbeiter zu modernisieren, die derzeitige Strategie des westdeutschen Kapitals, durch Kapitalexport auf dem Weltmarkt festen Fuß zu fassen und die Konzerngröße auszudehnen – all das sind Ausdrucksformen für Versuche, die aus der Ungleichzeitigkeit der Entwicklung entstehenden Probleme zu meistern. Die Aussichten für solche Versuche müssen allerdings als nicht sehr vielversprechend betrachtet werden. Denn die verlangten kooperativen Lösungen für das Problem der Ungleichzeitigkeit der Entwicklung sind aufgrund der Konkurrenz nur sehr begrenzt möglich. Jeder relative Vorsprung eines Landes ist für das nationale Kapital ein Wettbewerbsvorsprung, der es eine Zeitlang ermöglicht, Profite auf Kosten der Konkurrenz zu erzielen.

Für unser Problem ergibt sich daraus, daß das schnelle Wachstum der kapitalistischen Produktion einerseits die Expansion des Welthandels ermöglicht hat, andererseits mit den im Verlauf des Wachstumsprozesses erzeugten Divergenzen – bedingt durch die Ungleichzeitigkeit der Entwicklung – die Krisen in den weltwirtschaftlichen Beziehungen erst hervorruft. Daß Krisen der internationalen ökonomischen Beziehungen sich heute regelmäßig als Weltwährungskrisen niederschlagen und nicht als Welthandelskrisen[25], hängt vornehmlich mit der Konstruktion des Weltwährungssystems zusammen. Die liberalen Kritiker der gegenwärtigen Weltwährungsordnung, etwa vom Schlage Herbert Gierschs[26], haben ganz Recht, wenn sie das System fixer Wechsel-

[25] Im Geschäftsbericht der deutschen Bundesbank für das Jahr 1967 heißt es über den Zusammenhang zwischen Währungs- und Handelskrise: »So dramatisch die währungspolitischen Ereignisse und Entwicklungen im Berichtszeitraum waren, so wenig ist *überraschenderweise* der Welthandel davon in Mitleidenschaft gezogen worden ...« (S. 35). (Hervorhebung E. A.)

[26] Herbert Giersch, Freie Bahn dem freien Kurs, in: Süddeutsche Zeitung, 31. 5./1. 6. 1969.

kurse für Währungskrisen verantwortlich machen. Denn in einem System flexibler Wechselkurse würden sich die Ungleichzeitigkeiten der Entwicklung in den Kursverhältnissen der Währungen untereinander ausdrücken und auf diese Weise jedenfalls Liquiditäts- und Spekulationskrisen weitgehend ausschalten. Allerdings würde dann der internationale Handel direkt betroffen und Weltwährungskrisen als Folge der Ungleichzeitigkeit würden sich in einem institutionellen System mit flexiblen Wechselkursen als Welthandelskrisen direkt niederschlagen. Die liberale Kritik übersieht nämlich, daß das System starrer Kurse nicht die letzte Ursache für die schleichende und zyklisch hervorbrechende Währungskrise, sondern lediglich die Ausdrucksform der aus dem fundamentalen Prinzip der Ungleichzeitigkeit der Entwicklung resultierenden Probleme ist. Daraus ergibt sich notwendigerweise, daß die derzeit sich verschärfenden Weltwährungskrisen nicht durch technische Eingriffe und Verbesserungen aufgehoben, sondern durch institutionelle Veränderungen nur *verlagert* werden können. Eine veränderte institutionelle Organisation der internationalen kapitalistischen Beziehungen kann nur die Phänomene der kapitalistischen Ungleichzeitigkeit verschieben.

Zweitens. Die kapitalistische Entwicklung ist nicht nur Akkumulationsprozeß, sondern gleichzeitig auch Prozeß der Konzentration und Zentralisation von Kapitalen. Die fortschreitende Monopolisierung, die Beherrschung eines immer größeren Teils der Warenmärkte durch immer größere und weniger werdende Konzerne, verändert mit der Realstruktur der Volkswirtschaft deren Entwicklungsbedingungen und Entwicklungstendenzen. Der Widerspruch zwischen gesellschaftlicher Produktion und privater Aneignung erhält hier eine besondere Dynamik. Das Kapital produziert, als ob nur die absolute Konsumtionskraft der Gesellschaft seine immanente Schranke sei; es entwikkelt seine Produktionskraft, ohne dabei berücksichtigen zu können, daß Produktionskraft und Konsumtionskraft im Rahmen antagonistischer Verteilungsverhältnisse unvermeidlich in Widerspruch miteinander geraten müssen.[27] Produktionsbedingungen

[27] Dieser Widerspruch manifestiert sich beispielsweise im Doppelcharakter des Lohnes: Der einzelne Kapitalist ist aufgrund seines Profitinteresses auf möglichst niedrige Kosten, d. h. auch möglichst niedrige Löhne aus. Dagegen sind die Löhne als Einkommen insgesamt Nachfragefaktoren nach seinen Produkten. Er ist also zur Realisierung der in seinem Unternehmen

und Verwertungsbedingungen des Kapitals treten in einen mit der Monopolisierung sich verschärfenden Konflikt. Technologische Neuerungen, zu denen aus Gründen der Konkurrenz die Kapitalisten gezwungen werden[28], führen in der Regel zu Steigerungen der Arbeits- und Kapitalproduktivität in den entsprechenden Produktionszweigen. Steigt die Konsumtionskraft der Gesellschaft nicht entsprechend der Steigerung der Arbeitsproduktivität, so werden notwendigerweise Produktionskapazitäten freigesetzt und die bereits produzierten Waren können nicht abgesetzt werden; beides sind nur verschiedene Ausdrucksformen dafür, daß Kapital freigesetzt, überschüssig wird. Neue Anlagesphären des Kapitals und Absatzmöglichkeiten der Waren müssen in einer solchen Situation geschaffen werden. Die Absorption dieser Realformen des Surplus ist im Monopolkapitalismus gerade deshalb ein besonderes Problem, weil Preissenkungen im Maße des Produktivitätsfortschritts in der Regel nicht vorgenommen werden und eine Erhöhung der Produktionsmenge gerade die Monopolpreise ins Wanken bringen müßte. Die Absorption des Waren- und des Kapitalsurplus wird daher durch (die von Baran und Sweezy beschriebenen) Vergeudungsmechanismen geleistet.[29] Eine der heute noch wichtigsten Absorptionsmöglichkeiten ist der Waren- und Kapitalexport. Das Absorptionsproblem im

produzierten Werte auf möglichst hohe Löhne der von anderen Kapitalisten beschäftigten Arbeiter angewiesen. Für die Arbeiter wiederum ist der Lohn Einkommens- und Lebensfaktor, so daß sie an möglichst hohen langfristigen Löhnen interessiert sind. Diese Widersprüche, die sich aus der Kategorie des Lohnes ergeben, sind im Kapitalismus, auch durch Einkommenspolitik!, nicht lösbar.

28 Die Konkurrenz zwingt die Kapitalisten bei Strafe des Untergangs zu Kostensenkungen, die – neben anderen Maßnahmen – auch durch technologische Neuerungen herbeigeführt werden können. Die permanente Ausdehnung der Produktionskraft, die damit verbunden ist, stößt sich aber an dem aus dem gleichen Motiv entspringenden Interesse des Kapitalismus, die Löhne als einen Faktor der Kosten möglichst niedrig zu halten (Vgl. Anm. 27) und damit immerzu die Bedingungen für eine mit der Ausdehnung der Produktionskraft Schritt haltende Ausdehnung der Konsumtionskraft zu zerstören.
Rosa Luxemburg schreibt: »Die Konkurenz selbst zwingt deshalb jede Vergrößerung eines Teils der kapitalistischen Betriebe den anderen als Existenzbedingung auf. So ergibt sich eine unaufhörliche Tendenz zur Ausdehnung der Reproduktion, die sich unaufhörlich mechanisch, wellenartig über die ganze Oberfläche der Privatproduktion verbreitet ...« Die Akkumulation des Kapitals, Berlin 1913, Nachdruck Frankfurt 1965, S. 11. Vgl. dazu auch Eugen Varga, Die Krise des Kapitalismus und ihre politischen Folgen, Frankfurt 1969, S. 42 ff.

29 Vgl. dazu Paul A. Baran und Paul M. Sweezy, Monopolkapital, Frankfurt 1967.

Monopolkapitalismus ist nicht nur dadurch bedingt, daß die Gesamtheit der konkurrierenden Kapitale einer Branche auf Absatzprobleme auf dem inneren Markt stößt und deshalb auf den äußeren drängt; vielmehr reicht heute der innere Markt vielfach für die Produktion eines einzelnen Konzerns nicht mehr aus. Diese Aussage gilt allerdings nur unter der Bedingung der Ungleichzeitigkeit der Entwicklung. Denn eine *absolute* Begrenztheit in der Aufnahmefähigkeit des inneren Marktes gibt es, wie schon Lenin in »Die Entwicklung des Kapitalismus in Rußland« darstellte, nicht. Der Zwang zur Marktausweitung im Kapitalismus ergibt sich vor allem aus der Tatsache, daß einzelne Branchen oder auch nur einige Konzerne sich so viel schneller entwickeln als die übrige Wirtschaft, daß sie ihre Produktion nur noch auf dem äußeren Markt und nicht mehr auf dem hinter ihrer Produktionskraft zurückbleibenden inneren Markt abzusetzen vermögen. Diese prinzipielle Ungleichzeitigkeit wird durch den konjunkturellen Zyklus noch verstärkt, da die Aufnahmefähigkeit des inneren Marktes den Konjunkturschwankungen unterliegt, die Produktion großer Konzerne mit hoher Fixkostenbelastung aber einen von den Konjunkturschwankungen möglichst unabhängigen Absatz verlangt.
Umgekehrt können die Konzerne nur durch Überschreiten des inneren Marktes eine solche Größe erreichen, daß sie international konkurrenzfähig sind. Der Vorstandsvorsitzende der Siemens A. G., Dr. Gerd Tacke, stellt daher die Frage: »Wie sollten wir bestehen, wenn wir uns aus 8 v. H. des Weltmarktes unser Geschäft holen müßten und nicht auch aus den übrigen 92 v. H. Wir würden zur Provinz und kämen in die Kostenschere.«[30]
Die zunehmende Monopolisierung bewirkt demnach aus zwei Gründen eine Tendenz zur Ausweitung des Welthandels. Einmal durch den Zwang der Konzerne, für ihre Produktion auf dem äußeren Markt Absatzmöglichkeiten zu erschließen und zum anderen durch den Zwang, eine solche Unternehmensgröße zu erlangen, daß die Konkurrenzfähigkeit unter den gegebenen technologisch-organisatorischen Bedingungen auf dem Weltmarkt auch für die Zukunft gesichert bleibt. Aber wenn die Konzerne aller kapitalistischen Länder diese Strategie betreiben, wie kann es dann zu einer Ausweitung des Welthandels kommen, die über

[30] Handelsblatt vom 7. 2. 1969.

die Ausdehnung der Produktion hinausgeht, da ja der eine Konzern Marktanteile erobert, die der andere verliert?
Hier kommt ein Mechanismus ins Spiel, der als Diversifizierung, Spezialisierung und Differenzierung des Warenangebots bezeichnet werden kann. Die Größe des Marktes, darauf hat bereits Adam Smith hingewiesen, ist eine wichtige Determinante für die Entwicklung der Arbeitsteilung. So ermöglicht der Weltmarkt eine Vertiefung der Arbeitsteilung durch zunehmende Diversifizierung der Produktion und Differenzierung des Warenangebots, die zu einer überproportionalen Ausweitung des Welthandels führen kann. Daher schreibt Rudi Gündel: »Die zunehmende Produktdifferenzierung fällt besonders in den Bereichen der Chemie und Elektrotechnik ins Auge, sie bestimmt aber auch die Entwicklungstendenzen in den anderen Zweigen. So ist beispielsweise auch in den Aggregatindustrien die Tendenz von der Mehrzweckmaschine zur spezialisierten Einzweckmaschine offensichtlich. Diese teils technisch bedingten, teils aus dem monopolistischen Kampf um Marktanteile resultierenden Entwicklungen spiegeln sich auch in den Außenhandelsdaten wider. Sie zeigen sich hier z. B. in einem bemerkenswerten Anstieg der Investitionsgütereinfuhren. Vergleicht man für einige wichtige kapitalistische Länder deren Anteil an den Gesamteinfuhren für die Jahre 1958 und 1965, so ergibt sich das folgende Bild: Der Anteil wächst in Westdeutschland von 7,6 auf 12,0 Prozent, Frankreich von 12,4 auf 19,1 Prozent, Großbritannien von 6,0 auf 10,6 Prozent und in den USA von 6,1 auf 11,8 Prozent. Als wichtigste Ursache der rasch ansteigenden Einfuhren von Investitionsgütern wird angeführt, daß vergleichbare Produkte im Inland nicht hergestellt werden.«[31] Somit wirkt der Außenhandel »über die Herstellung und Vertiefung der internationalen Arbeitsteilung, aber vor allem durch die Senkung der Produktions- und Zirkulationskosten, auf die Verwertung des Kapitals und sein Wachstum ein.«[32] Die steigende Monopolisierung bewirkt eine Steigerung der Außenhandelstätigkeit, da zur Verwertung des Kapitals derjenige Prozeß, der traditionellerweise zur Erklärung des Außenhandels herangezogen worden

[31] Rudi Gündel, a. a. O., S. 53 f. Im Jahre 1967 beträgt der Anteil der Erzeugnisse der Investitionsgüterindustrien an der Gesamteinfuhr in der BRD bereits 17,2 v. H. Statistisches Jahrbuch für die Bundesrepublik Deutschland 1968, S. 289.
[32] Rudi Gündel, a. a. O., S. 55.

ist, nämlich die Entwicklung der Arbeitsteilung, auf monopolkapitalistischer Basis potenziert wird. Wenn gesagt wurde, daß der Außenhandel nach dem Zweiten Weltkrieg durch eine Zunahme des Anteils des reinen »Austauschhandels« gekennzeichnet ist, so muß jetzt eine Modifizierung des daraus abgeleiteten Arguments angebracht werden: Die Spezialisierung und Diversifizierung erfolgt nicht mehr in so groben Kategorien wie »arbeitsintensive« oder »kapitalintensive« Produkte, sondern in Aufgliederungen innerhalb jeder Warenkategorie durch weitere Spezialisierung. Die Märkte werden vom Monopolkapital diversifiziert, dadurch gegen die Konkurrenz abgeschirmt, und Abhängigkeiten monopolistischer Art werden dadurch auch zwischen den hochentwickelten kapitalistischen Ländern wiederhergestellt. Mit der Produktdiversifizierung, die vor allem auch eine Diversifizierung der Technologien darstellt, versucht das Monopolkapital sich auch auf dem Weltmarkt möglichst weitgehend – vollständig ist das nicht möglich – dem Preiswettbewerb zu entziehen.[32a]

[32a] Am Beispiel des Verpackungs-, Abfüll- und Sortiermaschinenbaus läßt sich diese Tendenz sehr schön exemplifizieren. Der oligopolistische Wettbewerb führt bekanntlich zu immer weitergehender Produktdifferenzierung, die oftmals nur dadurch hergestellt wird, daß identischen oder fast-identischen Produkten (etwa in der pharmazeutischen Industrie, wo die gleichen Präparate, von verschiedenen Firmen hergestellt, unter verschiedenem Namen und mit anderer Verpackung auf den Markt gebracht werden) lediglich eine andere Verpackung gegeben wird. Diese Produktdifferenzierung wird an die Industrie der Verpackungsmaschinen in Form differenzierter Bestellungen von Verpackungs-, Sortier-, Abfüllmaschinen weitergegeben. Die Verpackungsmaschinenindustrie geht nun ebenfalls dazu über, sich zu spezialisieren. Da aber der innere Markt der jeweiligen europäischen Länder für hochspezialisierte Verpackungsmaschinen zu eng ist, folgt notwendigerweise aus dieser Spezialisierungstendenz eine Ausweitung des Außenhandels. Das gilt aber nicht nur für Einzelmaschinen, sondern für ganze Aggregate. Die Abfüllung einer Flüssigkeit in Flaschen durchläuft z. B. folgende Arbeitsgänge, die von speziellen, zu einem Aggregat gekoppelten Maschinen durchgeführt werden: Waschen der Flaschen – Transport – Sterilisieren – Transport – Etikettieren – Transport – Abfüllen – Transport – Kontrolle – in Kartons verpacken. Die Übergangsmaschinen eingerechnet besteht ein solches Aggregat zumindest aus zehn Einzelmaschinen. Das Gesamtaggregat nun wird von einer Firma geliefert, die aufgrund der Spezialisierung (als Folge der Differenzierung in der Produktgestaltung) auch international eine starke Marktposition gewinnt. Die Einzelmaschinen des Aggregats werden nicht alle von der Firma selbst hergestellt, sondern als Fremdmaschinen eingebaut. Diese Fremdmaschinen werden aber zu einem Teil aufgrund des gleichen Spezialisierungsprozesses aus dem Ausland bezogen. Die Aufnahme und Ausdehnung des internationalen Handels erfolgt daher einmal als Konsequenz der technologisch bedingten Arbeitsteilung, der Spezialisierung und Differenzierung. Zum anderen aber wird sie durch die Prinzipien oligo-

Darüber hinaus hat sich die Monopolbildung zu »multinationalen Unternehmen«, zu internationalen Kartellen, Arbeitsgemeinschaften, Konzernen entwickelt, die durch die technologische Entwicklung und die technologische Diversifizierung noch forciert wird. Denn bestimmte Projekte – Entwicklung und Bau von Reaktoren, Großraum- und Überschallflugzeugen, Satelliten und Raketen – sind nur mehr durch Zusammenschluß und Kooperation großer Konzerne in internationalem Maßstab möglich.[33] Dabei kommt den beteiligten Staaten regelmäßig die Rolle des Finanziers und Organisators zu.

Hier spielt unmittelbar die Problematik der Ungleichzeitigkeit der Entwicklung wieder hinein: »Die ungleichmäßige Entwicklung setzt der Festigkeit und der Ausdehnung der internationalen Kartellbildung enge Grenzen.«[34] Auch der Kapitalexport erfolgt nur so lange, wie die Profitratenstruktur in Ländern und Produktionszweigen unterschiedlich ist. Die Unterschiedlichkeit der Profitraten der einzelnen Wirtschaftszweige und Regionen ist jedoch das direkte Ergebnis der Monopolbildung. Wenn nun potentes ausländisches Kapital in die Wirt-

---

polistischen Wettbewerbs, der Produktdifferenzierung und Diversifizierung hervorgerufen. Im Einzelfall sind diese beiden Faktoren nur schwer zu trennen; sie bewirken zusammen die Spezialisierung und damit auch die Ausdehnung des internationalen Handels zwischen den hochentwickelten kapitalistischen Staaten. Um die Ursachen der Ausweitung des Außenhandels nach dem Zweiten Weltkrieg begreifen zu können, muß man sie jedoch analytisch trennen.

33 Die Forschung wird in den entwickelten kapitalistischen Staaten zum größten Teil staatlich finanziert und organisiert. Im Jahre 1964 betrugen die Anteile staatlicher Finanzierung an Forschungsvorhaben in der BRD 45,5 v. H., in Frankreich 70 v. H., in England 59 v. H., in den USA 68 v. H. Die zwischenstaatliche Kooperation und Konzentration in den forschungsintensiven Zweigen entwickelt immer beachtlichere Größenordnungen: Telekommunikationssatelliten werden deutsch-französisch, das Transall-Flugzeug ebenfalls deutsch-französisch, das Concorde-Überschallverkehrsflugzeug französisch-britisch, das Hubschraubersystem WG 13 ebenfalls britisch-französisch, das taktische Nachrichtensystem »Mallard« US-amerikanisch-kanadisch-australisch, das NATO-Luftabwehrwarnsystem »Nadgeco« US-amerikanisch-britisch-französisch-niederländisch-italienisch-westdeutsch, das Airbus-Projekt A 300 B deutsch-französisch entwickelt. Finanzierung, Organisation und Risiko übernimmt der Staat, während die Durchführung und die Appropriation der zu erzielenden Profite den privaten Firmen (beim Airbus-Projekt der Deutschen Airbus-GmbH und der französischen Sudaviation) überlassen bleibt. Angaben nach verschiedenen Nummern der Zeitschrift »Wehr und Wirtschaft«, München, und Industriekurier. Vgl. auch Dieter Stolze (Hrsg.), Perspektive 1980 – Deutschland: Industriestaat ohne Zukunft, Hamburg 1967.

34 Eugen Varga, a. a. O., S. 25.

schaftszweige mit relativ hohen Profitraten eindringt und dort produktiv angelegt wird, so wird gerade dadurch die monopolistische Position gefährdet und die Höhe der Profitraten verringert, bzw. durch Produktionsausweitung und aufgrund starrer Preise werden nicht-absetzbare Waren produziert. Dieser Prozeß kann natürlich nicht zu einem krisenlosen Einspielen auf einem niedrigeren Niveau der Durchschnittsprofitrate führen, sondern wird notwendigerweise krisenhafte Tendenzen in der kapitalistischen Weltwirtschaft freisetzen. Daher haben internationale Monopole auch die Tendenz, durch die gleichen Methoden, die in einer nationalen Wirtschaft angewendet werden, auch auf dem Weltmarkt dem tendenziellen Fall der Profitrate entgegenzuwirken: durch Absprachen zur Begrenzung des Produktionsumfangs. Die Abmachungen der Stahlimporteure der USA über eine Begrenzung der Stahlexporte japanischer und westeuropäischer Firmen in die USA (vgl. dazu weiter unten); auch die Kontrollen auf dem Kohle- und Stahlmarkt innerhalb der europäischen Gemeinschaft für Kohle und Stahl können hier als Beispiele angeführt werden.[35] Solche Absprachen sind jedoch nur so lange durchzuhalten, wie alle beteiligten Länder und Konzerne davon profitieren.

Welche Bedeutung hat aber der Monopolisierungsprozeß für das Weltwährungssystem; und umgekehrt, wie wirkt das Weltwährungssystem auf diese Tendenzen ein? Dadurch, daß das Weltwährungssystem nicht mehr ausschließlich auf dem »neutralen« Weltgeld Gold basiert, sondern als Weltgeld auch nationale Währungen (insbesondere US-Dollar) verwendet werden, sind die Reservewährungen im Bereich des Kapitalexports begünstigt. Denn alle Länder, die diese Währungen als Reserven halten, ermöglichen dadurch den Export von Geldkapital in Form von

---

[35] C. A. Andreae / D. Schön, Der größere Markt – Wirtschaftsintegration vom Atlantik bis zum Ural, Stuttgart 1966, schreiben auf S. 71, daß jede aus Gründen der Wettbewerbsfähigkeit notwendige Rationalisierungsinvestition einen Erweiterungseffekt hat. »So kann es geschehen, daß bei gleichmäßiger Anpassung an die Möglichkeiten des technischen Fortschritts aller Mitglieder einer Branche ihre Gesamtkapazität über die kaufkräftige Gesamtnachfrage weit hinausgeht und teils zur Unterbeschäftigung, teils zur Preisreduzierung beiträgt ...« Daraus ergibt sich nach Ansicht von Andreae/Schön ein Zwang zur Konzentration, zur Produktionsbeschränkung und sie ziehen die Ideologen des Monopolkapitals einzig mögliche Konsequenz (S. 72): »Im Interesse der Volkswirtschaft läge es, wenn die Reibungsverluste bei einem derartigen Umstellungsprozeß möglichst gering blieben.« Grundsätzliche Erörterungen sowie Beispiele aus den 20er Jahren finden sich bei Eugen Varga, a.a.O., S. 24 ff.

Währungsreserven des betreffenden Landes, ohne daß zu erwarten ist, daß dieser Währungsgeldexport, der realiter Kapitalexport des Reservewährungslandes darstellt, zunichte gemacht wird, indem die Reserven an Devisen kurzfristig zur Einlösung in Gold präsentiert werden. Reservewährungsländer sind daher in der einmalig günstigen Position, sich ihren Kapitalexport von denjenigen Ländern, in die Kapital exportiert wird, kreditieren zu lassen, ohne an eine bestimmte Rückzahlungsfrist gebunden zu sein. Diese einzigartige Situation haben die USA nach dem Zweiten Weltkrieg weidlich ausgenutzt, haben damit aber zugleich die zyklischen Währungskrisen mit hervorgerufen und die strukturelle Währungskrise verschärft.
Dadurch sind aber die Möglichkeiten der für die Welthandelsexpansion wichtigen Diversifizierung der Produktion im Rahmen des Weltwährungssystems ungleich verteilt. Die Reservewährungsländer haben es leichter, die Produktion durch Kapitalexporte zu internationalisieren.
Dieser Vorteil ist jedoch nur relativ. Denn einmal bleibt für die anderen Länder immer die Möglichkeit, das Währungssystem zu destruieren, um die Konkurrenzvorteile der Leitwährungsländer auf diesem Gebiet zu treffen, und zum anderen bewirkt dieser Vorteil weitere Abwehrprozesse: so z. B. westeuropäische Zusammenschlüsse gegen die Vorteile der US-amerikanischen und japanischen Konkurrenz. Erst wenn diese Abwehrmöglichkeiten ausgeschöpft sind, dann werden auch die Krisen des Währungssystems sich bis zur Destruktion verschärfen. So sehen wir, daß die Weltwährungskrisen der letzten Jahre nicht den Funktionsmängeln der Technik des Weltwährungssystems zuzuschreiben sind, sondern die spezifischen Ausdrucksformen im Rahmen des gegenwärtigen institutionellen Systems der monopolkapitalistischen Weltwirtschaft darstellen. Weltwährungskrisen führen kein Eigendasein im Geldschleier kapitalistischer Warenproduktion als Ausdrucksformen technischer Unlänglichkeiten des gegenwärtigen Währungssystem, woraus zu folgern wäre, daß mit der Abstellung der technischen Unzulänglichkeiten auch die Währungskrisen beseitigt werden könnten. Vielmehr sind es die besonderen Reproduktionsbedingungen der nationalen Kapitalismen, die – vermittelt durch den weltwirtschaftlichen Konkurrenzmechanismus – die Funktionsfähigkeit des Weltwährungssystems stören. Mit anderen Worten: Solange die Kapitalismen ohne bedeutende Verwertungsschwierigkeiten expandieren kön-

nen, sind die Weltwährungskrisen, wie sie in den vergangenen Jahren akut geworden sind, nicht dazu geeignet, das Währungssystem zu sprengen. Mit der Verschärfung monopolkapitalistischer Konkurrenz allerdings werden auch die Beanspruchungen des Währungssystems wachsen und immer die Tendenz in sich bergen, zum Zusammenbruch dieser Ordnung zu führen. Die in ihr angelegten Konflikte werden im folgenden Kapitel erörtert.

Zusammenfassung

Das Währungssystem und seine Krisen sind nicht losgelöst von den Entwicklungsbedingungen der Weltwirtschaft und des Welthandels zu verstehen. Eine Analyse der Weltwährungsprobleme hat daher von den Wachstumsbedingungen der Weltwirtschaft auszugehen. Es wurde gezeigt, daß die wirtschaftliche Entwicklung nach dem Zweiten Weltkrieg in den hochentwickelten kapitalistischen Staaten zwar insgesamt sehr schnell, aber ungleichmäßig, ungleichzeitig verlaufen ist. Diese »Ungleichzeitigkeit der Entwicklung« ist Konsequenz der weltwirtschaftlichen Konkurrenz zwischen einzelnen Monopolen und einzelnen Staaten und Ursache für Anstrengungen der kapitalistischen Staaten, die »Ungleichzeitigkeit« zu verringern, also beispielsweise die »technologische Lücke« zwischen Europa und Amerika – eine Ausdrucksform der Ungleichzeitigkeit – zu schließen. Da das Währungssystem demgegenüber nicht neutral ist, vielmehr die Staaten in Leitwährungsländer und Nicht-Leitwährungsländer geteilt sind, d. h. die Vorteile aus einem funktionierenden Währungssystem ungleichmäßig verteilt sind, wird auch das Währungssystem von der kapitalistischen Konkurrenz beeinflußt. Mit der Verschärfung weltwirtschaftlicher Konkurrenz werden die Beanspruchungen des Weltwährungssystems zunehmen: Sobald es den konkurrierenden hochentwickelten kapitalistischen Staaten darum geht, Marktanteile und ökonomische Einflußsphären auf Kosten anderer Staaten zu erkämpfen, werden auch gemeinsame internationale Organisationen, also auch die derzeitige Weltwährungsordnung, stärker beansprucht oder gar zerstört. Das erste Kapitel hatte daher die Aufgabe, die Entwicklungsbedingungen der Weltwirtschaft unter dem Aspekt der kapitalistischen Konkurrenz zu diskutieren. Im folgenden Kapitel wird die Funktionsweise des Währungssystems behandelt.

Die Funktionsweise des Weltwährungssystems

Der »Goldstandard«

Die institutionelle Organisation des Weltwährungssystems ist von der ökonomischen Entwicklung des Kapitalismus abhängig. In der Entstehungsphase des Kapitalismus sind die edlen Metalle Gold und Silber »außerordentlich wirksame Agenten in der Schöpfung des Weltmarktes, der Ausdehnung des sozialen Stoffwechsels über alle lokalen, religiösen, politischen Racenunterschiede hinaus.«[1] Und diese Fähigkeit hat das Gold deshalb, weil es »als Produktion der allgemeinen Arbeit, Personifikation derselben gilt, was es als unmittelbares Produkt nicht ist, setzt es seinen Produzenten (doch – E. A.) in die privilegierte Position, daß er sofort als Käufer, nicht als Verkäufer auftritt. Um seiner als Gelds habhaft zu werden, muß er sich seines als unmittelbaren Produkts entäußern, aber zugleich bedarf er nicht der Vermittlung, deren der Produzent jeder andren Ware bedarf. Er ist Verkäufer selbst in der Form des Käufers.«[2] Das Gold als »universelle Ware, die an allen Orten ihren Charakter als Reichtum erhält . . ., als der *materielle* Repräsentant des *allgemeinen* Reichtums«[3] unterscheidet sich dadurch von allen anderen Waren. Und der Goldbesitzer unterscheidet sich von anderen Warenbesitzern dadurch, daß er mit dem Gold immer andere Waren kaufen kann, der Warenbesitzer jedoch nicht immer Gold mit seinen Waren zu kaufen vermag.[4] Daher rührt auch die außerordentliche Bedeutung, die die Entdeckung neuer Goldschätze (in Lateinamerika, in Nordamerika, in Rußland) für den Auf-

[1] Karl Marx, Grundrisse der Kritik der politischen Ökonomie, Berlin 1953, S. 878.
[2] Karl Marx, Grundrisse . . ., a. a. O., S. 883 f.
[3] Karl Marx, Grundrisse . . ., a. a. O., S. 881.
[4] Daher rührt die Neigung der absolutistischen Staaten, Edelmetalle zu horten und den Reichtum der Nationen als Anhäufung von Goldschätzen zu begreifen. Marx zitiert Tooke, Grundrisse, S. 884: »Money can always buy other commodities, whereas, other commodities cannot always buy gold.«

schwung des Kapitalismus hatte; als allgemeine Ware zog das Gold die Produktion der besonderen Waren nach sich, als die Produktivkräfte weit genug entwickelt waren, daß Warenproduktion (Produktion für den Markt und nicht mehr ausschließlich für den eigenen Verbrauch) überhaupt möglich war.
Solange Gold als allgemeines Weltgeld fungiert, vollzieht sich der internationale Waren- und Geldverkehr aufgrund eines spezifischen Mechanismus, des »Goldwährungsautomatismus«. Allerdings kann dieser Mechanismus nur unter rigiden Bedingungen der »freien Konkurrenz« funktionieren. Der Mechanismus verlangt nämlich flexible Wechselkurse, flexibles Zinsgefüge und vor allem elastische Warenpreise und Löhne. Hinzu kommt, daß die sogenannten Spielregeln des Goldmechanismus von den staatlichen Instanzen, insbesondere der Zentralbank, eingehalten werden müssen. Wenn dies alles gewährleistet ist, dann funktioniert der Goldwährungsautomatismus folgendermaßen: Erzielt ein Land einen Exportüberschuß, so fließt Gold in den nationalen Geldumlauf dieses Landes und ruft einen inflationistischen Prozeß hervor. Die Zunahme der Goldbestände bewirkt außerdem eine Senkung des Zinsniveaus und vermittelt durch den inflationistischen Prozeß eine relative Senkung des Wechselkurses. Die gleichfalls steigenden Löhne erhöhen die Kosten und die interne Konsumtionskraft, so daß – vorausgesetzt, die Spielregeln werden eingehalten – der Gegenprozeß in Gang gesetzt wird: Die steigenden Preise erhöhen die Konkurrenzfähigkeit ausländischer Waren, die steigenden Einkommen erhöhen die Importneigung, das niedrige Zinsniveau führt zu Kapitalabfluß, der steigende Wechselkurs erschwert die Exporte und erleichtert die Importe, die steigenden Löhne erhöhen die Produktionskosten des Goldes, verknappen also die Goldzufuhr, so daß die Umkehr dieses Prozesses notwendig und automatisch erfolgen muß.[5]
Dieser Lehrbuch-Automatismus war in dieser Form weder im Frühstadium des Kapitalismus noch erst recht im Monopolkapitalismus realisiert. Schon im 19. Jahrhundert bildete sich neben dem Gold als Weltgeld auch Kreditgeld aus, das jedoch an den Goldstandard gebunden war. Das Entstehen des internationalen Kreditgeldes war offenbar ein Zeichen dafür, daß »das Gold selbst als internationales Zahlungsmittel allein nicht mehr aus-

[5] Vgl. zu diesem Mechanismus, Otto Veit, Grundriß der Währungspolitik, Frankfurt/M. 1961, Gustar Cassel, Der Zusammenbruch der Goldwährung, Stuttgart 1937.

reichte, um den Bedarf an internationaler Liquidität zu decken«.[6] Das Pfund Sterling entwickelte sich zu einer Art Weltreservewährung und die Bank of England zu einem Welt-Clearing-Zentrum.

Was bedeutet das Abgehen vom Gold als alleinigem Weltgeld und die Aufstockung des Weltgeldes durch nationale Währungen, wie das Pfund Sterling? Wird national geschaffenes Kreditgeld zum Weltgeld, dann wird es genau wie Gold zur universellen Ware, der Besitzer dieses Geldes vermag damit alle Waren zu kaufen und so die Vorteile des Weltgeldes zu genießen, ohne allerdings die Produktionskosten des Goldes auf sich zu nehmen und auf den Gebrauchswert, den ihm das Gold als Metall verschafft, verzichten zu müssen.

In dieser Phase, wo neben das Gold eine nationale Währung als Weltgeld tritt, die nicht mehr durch einen bloßen technischen Akt des Einschmelzens in eine »gleichgültige Barrenform« zurückfallen kann, werden bereits die Prinzipien sichtbar, die ein Währungssystem prägen, das als Weltliquidität neben dem Gold auch Devisen verwendet. »Während nationales Kreditgeld sowohl Bargeld, in Form von Banknoten, als auch Giralgeld, also Sichtdepositen bei Banken, sein kann, kommt für internationales Kreditgeld im Gegensatz zum Gold vorläufig nur die Form des Giralgeldes in Betracht. Ferner ergibt sich der Unterschied zwischen nationalem und internationalem Giralgeld lediglich aus der Tatsache, daß der Inhaber eines Bankguthabens und die Bank, bei der dieses gehalten wird, unterschiedlicher Nationalität sind oder in verschiedenen Ländern Wohnsitz haben. Das Volumen an internationalem Giralgeld hängt somit von der Bereitschaft der Ausländer ab, Guthaben in der Reservewährung als Zahlungsmittel zu halten und wird zudem vom Verhältnis zwischen Zahlungsein- und -ausgängen des Reservewährungslandes, also seiner gesamten Zahlungsbilanz bestimmt.«[7] Während das Gold aufgrund der in ihm verkörperten Arbeit, d. h. aufgrund seines Eigenwertes, unabhängig von staatlicher Manipulation Weltgeld ist, sobald es als Zahlungsmittel benutzt wird, kann nationales Kreditgeld nur dadurch zu internationalem Geld werden, daß einerseits der entsprechende Nationalstaat durch seine ökonomische und politische Macht seine Währung als

[6] Hans Möller, Das Gold in der Weltwirtschaft, in: Zeitschrift für das gesamte Kreditwesen, 10. Heft 1961, S. 447.

[7] Hans Möller, a. a. O., S. 448.

Weltgeld erzeugt, indem er sie exportiert und sie durch die Konvertibilitätsbestimmung garantiert und andererseits vom privaten Waren- und Kapitalverkehr der anderen Nationalstaaten die Währung als Weltgeld anerkannt wird, bzw. die Anerkennung durch koloniale Abhängigkeitsverhältnisse erzwungen wird. Da aber der bürgerliche Nationalstaat Repräsentant der nationalen Kapitalinteressen ist und diese auf internationaler Ebene konkurrieren, kann er die Manipulation der Währung nur beschränkt unter dem Interesse des *internationalen* Handels betreiben. So enthält jedes Währungssystem Sprengstoff, das als internationale Liquidität nationales Kreditgeld verwendet.
Das Dilemma eines jeden Währungssystems unter kapitalistischen Bedingungen bewegt sich zwischen zwei Polen: Ein »neutraler« Automatismus, wie ihn der Goldstandard verspricht, erfordert jeglichen Verzicht auf autonome nationalstaatliche Regulierungsmaßnahmen der Ökonomie.[8] Ein Währungssystem dagegen, das als internationale Liquidität nationale Währungen verwendet, unterliegt immer der Gefahr, an den widersprüchlichen nationalen Interessen der kapitalistischen Staaten zu zerschellen und damit die Welthandelsentwicklung als Voraussetzung und Folge kapitalistischen Wachstums zu stören.

Die »Devisenzwangswirtschaft«

So kam es notwendigerweise bei Ausbruch des Ersten Weltkriegs zum Zusammenbruch des Goldstandards, als die Nationalstaaten die Konvertibilität der Noten in Gold aufhoben und damit auch die Möglichkeit unterbunden wurde, nationales Geld als internationales Reservemedium fungieren zu lassen. Zwar versuchten einige kapitalistische Staaten unter Führung Englands nach dem Ersten Weltkrieg, 1922, den Goldstandard noch einmal wiederherzustellen, aber dieses Unterfangen brach sich an den Interessengegensätzen der kapitalistischen Staaten untereinander, und im Verlauf der Weltwirtschaftskrise war England 1931 gezwungen, die Konvertibilität des Pfundes in Gold aufzuheben und Deutschland gar führte eine strenge Devisenbewirtschaftung ein, um nicht durch permanente Kapitalabflüsse noch

[8] Im übrigen reicht das Gold zur Weltliquiditätsversorgung entsprechend den Bedürfnissen des internationalen Handels quantitativ nicht aus, wie im vorigen Kapitel gezeigt worden ist.

tiefer in den Krisenstrudel gezogen zu werden. Die Devisenbewirtschaftung, als »Devisenzwangswirtschaft« von der Nationalökonomie kategorisiert, machte zwar einerseits die Ausschaltung außenwirtschaftlicher Einflüsse auf die Volkswirtschaft und daher die nationalstaatliche Regulierung durch »Krisenmanagement« prinzipiell möglich, da sie die Unterwerfung des gesamten Zahlungs- und Handelsverkehrs mit dem Ausland unter staatliche Kontrolle gestattete; sie hatte aber, als Prinzip in vielen kapitalistischen Staaten mehr oder weniger rigide angewendet, notwendigerweise die weltwirtschaftliche Desintegration zur Folge. Denn das Geld wurde seines Charakters als »Weltgeld« entkleidet, indem es voll der nationalstaatlichen Manipulation unter ausschließlich nationalen Kapitalinteressen unterworfen wurde. Die kapitalistische Expansion auf dem äußeren Markt wurde gehemmt, wie die Welthandelsentwicklung im Verlauf der Weltwirtschaftskrise zeigt:

Tabelle 5
Weltaußenhandel in Milliarden alten Golddollars

	1928	1929	1930	1931	1932	1933
Einfuhr	34,7	35,6	29,8	20,8	14,0	12,5
Ausfuhr	32,8	33,0	26,5	18,9	12,9	11,7

Quelle: Eugen Varga, a. a. O., S. 260.

Eugen Varga schreibt dazu: »Das Einschrumpfen des Außenhandels war ... in vielen Fällen die Ursache der Inflation. Umgekehrt führt die Verteidigung der Valuta in den Ländern mit wirklichem oder nominellem Goldstandard zu einer weiteren Schrumpfung des Außenhandels.«[9] Die Folgen (und Ursachen zugleich) waren nationale Autarkiepolitik mit der Tendenz der entwickelten kapitalistischen Staaten, sich ein vom Ausland möglichst unabhängiges Imperium zu erhalten oder zu schaffen.[10] Mit dem Rückgang des Welthandels geht daher die Herausbildung imperialistischer Wirtschaftsblöcke einher. Während aber

---

9 Eugen Varga, Die Krise des Kapitalismus und ihre politischen Folgen, Frankfurt/M. 1969, S. 260.

10 Vgl. dazu den interessanten Aufsatz von Friedrich Pollock, Bemerkungen zur Wirtschaftskrise, in: Zeitschrift für Sozialforschung, Jahrgang II 1933, S. 321 ff. John Maynard Keynes gab einem Aufsatz in Schmollers Jahr-

die USA Lateinamerika, England sein Kolonialreich und Frankreich neben seinem Kolonialreich noch die südosteuropäische Einflußsphäre beherrschten, konnte Deutschland ein autarkes Imperium nur durch expansive Politik schaffen. Die faschistische »Lebensraumpolitik« ist daher auch als Konsequenz der besonderen Situation des deutschen Kapitalismus im Weltkapitalismus zu verstehen.
Die Ungleichmäßigkeit der Verteilung der Welt unter die imperialistischen Staaten führt in der Krise dazu, daß die kapitalistischen Staaten auf die gleiche Krise, die sie allerdings in ungleicher Härte trifft, unterschiedlich reagieren. Die Ungleichheit der Verwertungsbedingungen des Kapitals in Deutschland, den USA, England oder Frankreich in der Weltwirtschaftskrise ist sicherlich ein Faktor – neben anderen – der für die Politik des Faschismus in seiner nationalsozialistischen Form verantwortlich ist.

Nationales Geld als Weltgeld – Das System von Bretton Woods

Die historischen Erfahrungen zeigen, daß weder der Goldstandard noch ein System der Devisenbewirtschaftung unter kapitalistischen Bedingungen den »Anforderungen«[11] an ein im technischen und ökonomischen Sinne funktionierendes Währungssystem genügen. Der Goldstandard erfordert den völligen Verzicht auf autonome, souveräne nationalstaatlich betriebene ökonomische Regulierung, und die Devisenbewirtschaftung hat notwendigerweise die Desintegration des Weltmarktes zum Ergebnis. Als im Schlußstadium des Zweiten Weltkriegs über die Währungsordnung der Nachkriegszeit diskutiert wurde, stand daher die Forderung im Vordergrund, daß währungspolitische Hindernisse kapitalistischer Expansion auszuräumen seien. Diese Absicht erforderte aber, ein institutionelles System zu errichten, das

---

buch, August 1933, den Titel: »Nationale Selbstgenügsamkeit!« Der Sinn der Autarkie, so argumentierte Keynes, besteht nicht darin, daß nun in England Wein angebaut würde, um den britischen Markt mit britischem Wein zu versorgen, sondern darin, mit dem Verzicht auf den Import von Wein auch auf den Konsum von Wein zu verzichten. Die gewaltsame Reduktion der Konsumtionskraft reduzierte also Produktion und Welthandel und verschärfte die Krise, indem sie durch diesen Mechanismus internationalisiert wurde.

11 Die Anforderungen sind nicht als abstrakte Forderungen zu verstehen, sondern als Produkt historischer Erfahrungen.

genügend Liquidität bereitzustellen vermochte, um den Welthandel vor der Gefahr des »Austrocknens« zu bewahren und das dennoch genügend Möglichkeiten für nationalstaatliche Manipulationen in der Volkswirtschaft offenließ:

1. Da das Gold qualitativ und quantitativ als alleiniges Weltgeld nicht ausreichte, mußte neben dem Gold zusätzliche Liquidität geschaffen werden.

2. Um den Welthandel zu erleichtern, wurde ein System fester Wechselkurse, die auf das Gold bezogen sind, eingerichtet.

3. Damit Zahlungsbilanzschwierigkeiten als Folge nationalstaatlicher Wirtschaftspolitik nicht zu Währungskrisen zu führen brauchten, mußte eine international verwendbare Manövriermasse bereitgestellt werden, um mit Krediten gefährdeten Währungen helfen zu können.

Diese Bedingungen bestimmten die Diskussion um das Weltwährungssystem, wobei die Frage nach der Zusammensetzung der Weltliquidität zweifellos die entscheidende ist. J. M. Keynes hatte auf der Konferenz von Bretton Woods 1944 diese Frage dadurch zu lösen versucht, daß er vorschlug, internationale Reservemedien von nationalen Währungen freizuhalten. Eine Weltzentralbank, als internationale Zentralbank der nationalen Zentralbanken[12] sollte in der Lage sein, international erzeugtes Weltgeld auszugeben, das so gut wie Gold internationale Schuldverhältnisse endgültig hätte auflösen können. Nach dem Keynes-Plan sollte eine »Clearing-Union« errichtet werden, die ein bestimmtes Quantum internationaler Liquidität mit dem Namen »Bancor«, worin bereits die Unabhängigkeit von nationalstaatlichen Schöpfungsakten zum Ausdruck kommen sollte, entsprechend den Liquiditätsanforderungen des Welthandels hätte verwalten sollen. Der Bancor sollte bei der Clearing-Stelle, dem IWF, durch einfache Kontenübertragung zwischen den beteiligten Ländern verwendet werden. Zahlungsbilanzdefizite bzw. -überschüsse hätten sich automatisch als Minderungen bzw. Mehrungen auf dem Bancor-Konto des jeweiligen Landes ausgewirkt. Jedes Land sollte die Möglichkeit haben, seine Bancor-

[12] Zur Bedeutung der nationalen Zentralbank schreibt Marx, Das Kapital, Bd. III, S. 620: »... Funktion des Metallschatzes als Garanten der Konvertibilität der Banknoten und als Angelpunkt des ganzen Kreditsystems. Und die Metallreserve ihrerseits ist Angelpunkt der Bank.« Eine internationale Zentralbank hätte ebenso den Metallschatz oder das Weltgeld, das so gut wie Gold sein müßte, nötig gehabt, um als Angelpunkt des Weltkreditsystems fungieren zu können.

Quote um ein Viertel zu überziehen. Wenn ein Land die ihm zur Verfügung stehende Quote um mehr als die Hälfte überziehen wollte, sollten die Gouverneure der Clearing Union die Möglichkeit zu Kontrollen haben: das Land hätte zur Abwertung, zu einer veränderten Wirtschaftspolitik veranlaßt werden können, ein Teil seiner Gold- und Devisenreserven hätten zur Tilgung herangezogen, Kapitaltransaktionen hätten kontrolliert werden können. Ähnliche (umgekehrte) Maßnahmen waren für den Fall vorgesehen, daß ein Land Überschüsse von mehr als der Hälfte seiner Quote akkumuliert hätte. Die entscheidende Bestimmung im Keynes-Plan bestand jedoch darin, daß Überschußbilanzen beim IWF, die längere Zeit unausgenutzt geblieben wären, d. h. durch welche damit internationale Liquidität stillgelegt worden wäre, automatisch aufgehoben werden sollten. Defizitländer hätten daher ihre Importe nicht wesentlich kontrahieren müssen; die Überschußländer hätten ja importieren müssen, um ihre Überschüsse nicht verfallen zu lassen. Jede Stockung des internationalen Handels aus währungstechnischen Gründen sollte verhindert werden.

Der Keynes-Plan hatte keine Chance der Annahme, da die Bestimmungen bezüglich der Überschußländer in der Situation unmittelbar am Ende des Zweiten Weltkriegs vorwiegend die USA, das einzige Land mit einem intakten Produktionsapparat, betroffen hätten. Es lag nicht im Interesse der USA, sich einem internationalen Automatismus, wie er im Keynes-Plan angeregt war, zu unterwerfen. Sie wären gleichzeitig gezwungen gewesen, auf die Vorteile, die ihnen aus ihrer ökonomisch-politischen Vormachtstellung erwuchsen, zu verzichten. Hohe Exporte hätten für die USA nichts anderes als Geschenke an andere Länder bedeutet, ohne daß es ihnen möglich gewesen wäre, ihre Währung als Dollarkapital in diese Länder zu exportieren.

Die USA wären gezwungen gewesen, bei der Clearing-Union enorme Guthaben anzusammeln, im extremen Fall Guthaben in Höhe der Summe der Quoten aller anderen Mitglieder (schätzungsweise weit über 20 Mrd. Dollar), da jedes Land die Möglichkeit haben sollte, sich bis zur Höhe seiner Quote verschulden zu können.[13]

Das in Bretton Woods beschlossene Weltwährungssystem folgt

---

[13] Vgl. George N. Halm, Geld, Außenhandel und Beschäftigung, München 1957, S. 204.

im wesentlichen den US-amerikanischen Vorstellungen, wie sie im Plan von White zum Ausdruck kamen. Durch die formelle Bindung aller Währungen an den Dollar (die Kursrelationen werden in Dollar ausgedrückt) wurde die Tatsache sanktioniert, daß die USA zum mächtigsten Land der Welt und damit der Dollar zur wichtigsten Währung geworden war und das Pfund Sterling erfolgreich verdrängt hatte.[14] Die USA erfüllten drei Prinzipien, die das Gewicht einer Währung im weltwirtschaftlichen Zusammenhang bestimmen und die daher auch als ökonomische Kriterien dafür dienen, ob eine nationale Währung internationales Reservemedium werden kann.[15] Es sind dies (1) das ökonomische Potential, über das ein Land verfügt, und das als Realsubstanz hinter dem »Schleier« der Währung steht; (2) die Position des Landes in der Weltwirtschaft, insbesondere sein Anteil am Welthandel, seine internationalen Kapitalbeziehungen, die internationale Verzweigung seines Banksystems; (3) die regelmäßige Einlösbarkeit (Konvertibilität) der Währung in ein Medium, das der nationalstaatlichen wirtschaftspolitischen Manipulation weitgehend entzogen ist, nämlich in Gold. Die Goldreserven eines Landes stellen also einen wichtigen Faktor seiner währungspolitischen Bedeutung dar, und in diesem Prinzip offenbart sich auch die Tatsache, daß infolge der widersprüchlichen nationalstaatlichen Interessen in der kapitalistischen Weltwirtschaft jenseits der nationalen Währung, die als internationales Reservemedium dient, die Rückgriffsmöglichkeit auf das »neutrale« Gold vorhanden sein muß.[16]

---

[14] Vgl. dazu die Analyse Eugen Vargas, Der englisch-amerikanische Gegensatz im zweiten imperialistischen Krieg, in: Die Kommunistische Internationale, Heft 1, Jahrg. 1940, abgedruckt in: Eugen Varga, Die Krise des Kapitalismus und ihre politischen Folgen, Frankfurt 1969, S. 404 ff. Varga zeigt, wie die USA im Verlauf des Zweiten Weltkriegs die relative Schwäche Englands ausnutzten, um das britische Kapital aus Lateinamerika endgültig zu verdrängen und den Dollar zur beherrschenden Währung zu machen.

[15] Diese drei »Prinzipien« sind nicht durch formelle Akte der Beschlußfassung aufgestellt worden, sondern haben Bedingungscharakter. Sie sind die Bedingungen dafür, daß eine nationale Währung internationales Reservemedium werden kann. Diese Bedingungen sind nicht absolut, sondern stehen ebenfalls unter dem Gesetz der Ungleichzeitigkeit der Entwicklung, d. h. ein Land, das diesen Bedingungen heute genügt, kann durch ein anderes Land morgen verdrängt werden.

[16] »Die Konvertibilität ist deshalb *ökonomisch* kein ausschließlich zahlungs- oder devisentechnischer Vorgang, sondern entsprechend der aus dem Weltgeld folgenden Einheit von (ideeller) Goldkonvertibilität und (effektiver) Devisenkonvertibilität ein objektiver Gleichgewichtsprozeß, dessen monetäre Bestimmung mit wachstumsfördernden bzw. -hemmenden Faktoren eng ver-

Da am Ausgang des Zweiten Weltkriegs die USA den drei Kriterien am ehesten genügten, weil die kapitalistische Konkurrenz, insbesondere Großbritannien, endgültig zurückgedrängt war, war der Dollar zur Leitwährung prädestiniert. Das Weltwährungssystem, das als *Golddevisenstandard* in Bretton Woods verfaßt wurde, mußte daher mit Notwendigkeit zum *Golddollarstandard* werden.

Sämtliche Versuche Großbritanniens unmittelbar nach dem Zweiten Weltkrieg, das Pfund Sterling gegenüber dem Dollar wieder als Reservewährung zu installieren, mußten scheitern. Die Herstellung der Konvertibilität des Pfundes im Jahre 1949 führte unmittelbar dazu, daß die Gläubiger-Länder versuchten, ihre Kriegskredite einzulösen. Die Kovertibilität wurde daher kurze Zeit später wieder aufgehoben und das Pfund Sterling abgewertet. Dadurch wurde zwar der sogenannte Sterling-Block eher gefestigt als geschwächt, da alle wichtigen Mitgliedsländer der Sterling-Zone ebenfalls ihre Währung abwerteten, um nicht Verluste an ihren auf Pfund Sterling lautenden Guthaben erleiden zu müssen, aber die geschwächte Position Großbritanniens wird darin dennoch deutlich. Die Bedeutung der Sterling-Zone für die Finanzierung der britischen Zahlungsbilanz war daher

---

bunden ist.« So Harald-Dietrich Kühne, Die Marxsche Theorie von der Funktion des Geldes als Weltgeld und deren Bedeutung für die Gestaltung und Beurteilung der Außenwirtschaftsprozesse in der Gegenwart, in: Außenwirtschaft und Wachstum, hrsg. von Gunther Kohlmey, Berlin 1968, S. 159. Die Notwendigkeit, daß Rückgriffsmöglichkeiten auf Gold in einem Währungssystem mit nationalen Währungen als Leitwährungen vorhanden sein muß, erklärt auch, daß Währungskrisen sich immer auch als »Run« auf das Gold als »neutralem« Weltgeld oder als Run auf Währungen, die derzeit »so gut wie Gold« scheinen, auswirkt. Währungspolitik ist daher auch immer gleichzeitig Goldpolitik. Die bisherigen Maßnahmen zur Abwendung von größeren Umtauschaktionen des Dollars in Gold zeigen das sehr deutlich: 1. aktive Interventionen auf dem Goldmarkt zur Stützung des Goldpreises durch die Bank of England, die als »Treuhänder« aller Zentralbanken fungierte. 2. Als deren Interventionsmöglichkeiten am Ende waren, wurde der »Goldpool« gegründet. 3. Als der Goldpool ebenfalls den Goldpreis nicht mehr gegenüber dem Dollar verteidigen konnte, wurde der Goldmarkt gespalten. 4. Überdies wurden die amerikanischen Golddeckungsbestimmungen verändert. 5. Als ultima ratio bietet sich das prinzipielle Abgehen vom gegenwärtigen Golddollarstandard noch an oder/und die Aufwertung des Goldes, d. h. die Abwertung aller anderen Währungen. Die Weltgoldbestände erweisen sich somit tatsächlich als ein »Angelpunkt« des gesamten Währungssystems. Vgl. zum Institutionellen auch Neue Zürcher Zeitung, vom 23. 10. 63 (»Der Goldmarkt drei Jahre nach dem ›Goldrausch‹«) und vom 21. 2. 1965 (»Zur Änderung der amerikanischen Golddeckungsbestimmung«) sowie die jährlichen Geschäftsberichte der deutschen Bundesbank.

auch in den vergangenen Jahren stark rückläufig. Im Jahre 1955 entfielen von den Sterling-Verpflichtungen 76 v. H. auf die Sterling-Zone, 1965 waren es nur mehr 42 v. H.[17] Darin kommt zum Ausdruck, daß Westeuropa, die USA und die Internationalen Organisationen die Nachfolge als Financiers Großbritanniens antraten und die Länder des Sterling-Blockes sich verstärkt nach Westeuropa und den USA orientierten. Das Pfund als »Weltgeld« wurde nach dem Zweiten Weltkrieg endgültig durch den Dollar ersetzt. Großbritannien genügte den drei aufgeführten Prinzipien in der veränderten Weltwirtschaft nach dem Zweiten Weltkrieg nicht mehr und mußte nach und nach alle Positionen, die es als dominierendes Welthandels- und Weltwährungsland innehatte, aufgeben.[18]

Die Funktionsweise des Internationalen Währungsfonds

In Bretton Woods wurde beschlossen, einen internationalen Währungsfonds (IWF) zu gründen, in den jedes Mitglied einen nach der Höhe des Nationaleinkommens bemessenen Betrag als Mitgliedsquote einzuzahlen hat. Die 45 Gründungsmitglieder, unter ihnen auch Polen, die Tschechoslowakei und die Sowjetunion – die aber später austraten, bzw. das Abkommen nie ratifizierten –, zeichneten Anteile in Höhe von insgesamt 7 Mrd. Dollar. Davon übernahmen die USA allein 2,75 Mrd. Dollar, Großbritannien 1,3 Mrd. Dollar (und die UdSSR 1,2 Mrd. Dollar). Ende 1967 hatten über 100 Mitgliedsländer eine Gesamtquote in Höhe von 21 Mrd. Dollar gezeichnet, die sich folgendermaßen verteilt:

Tabelle 6
Quoten der Mitgliedsländer des IWF am 31. 12. 1967 in Mio US-Dollar

Mitgliedsland	Quote	Mitgliedsland	Quote
Europa	7 839,6	Nordamerika	5 900
BRD	1 200	USA	5 160
Frankreich	985	Kanada	740
Italien	625	Mittel- und Südamerika	1 866,1
Großbritannien	2 440	Asien	3 478,3
Afrika	1 246,7	Australien und Ozeanien	657
		Insgesamt	20 887,6

Quelle: Statistisches Jahrbuch der BRD, 1967, S. 108*

Von den Quoten sollten 25 v. H. in Gold, der Rest in eigener Währung zu zahlen sein. Kein Land konnte gezwungen werden, mehr Devisenüberschüsse, als sie der eingezahlten Quote entsprechen, ansammeln zu müssen. Denn die Bildung von Überschüssen bedeutet nichts anderes als die Finanzierung des Devisenbedarfs anderer Mitglieder. Damit wurde aber sichergestellt, daß solche Währungen, die den aufgeführten drei Prinzipien nicht genügten, keine Chance hatten, als »Weltgeld« zu fungieren. Durch Bindung der Quote an die Höhe des Nationaleinkommens und durch die Tatsache, daß ein von nationalstaatlichen Währungen unabhängiges »Weltgeld« nicht geschaffen wurde, konnte sich der Dollar als Reservewährung herausbilden.
Der dem IWF zur Verfügung stehende Gesamtbetrag – 1945 nur etwa 7 Mrd. Dollar – war aber so gering, daß der IWF von vornherein kaum Möglichkeiten hatte, von sich aus auf das neue »Weltgeld«, den Dollar, regulierend einzuwirken. So schreibt George N. Halm: »Der internationale Währungsfonds hat die Hoffnungen, die man bei seiner Gründung in ihn setzte, nur zum Teil erfüllt. Seine verhältnismäßig kleinen Reserven an Gold und konvertiblen Währungen waren durch die internationalen Hilfsaktionen, die seit 1944 notwendig wurden, in den Schatten gestellt worden. In den ersten zehn Jahren seiner Tätigkeit be-

---

[17] Vgl. Fritz Diwok, Gold, Dollar und unser Geld, Wien–München–Zürich 1968, S. 141.

[18] Im September 1968 haben die Notenbankpräsidenten der kapitalistischen Industriestaaten auf einer Tagung der BIZ einen Plan entworfen, das britische Pfund Sterling endgültig als Reservewährung aufzuheben. Der Bank of England ist ein Kredit von 2 Mrd. Dollar gewährt worden, mit dessen Hilfe die Sterlingländer ihre in London gehaltenen Währungsreserven in andere Währungen umtauschen können, ohne das Pfund Sterling zu gefährden. Die 2 Mrd. Dollar decken nicht ganz die Hälfte der Nettoverpflichtungen Großbritanniens an Sterling Länder:

Großbritanniens Nettoverpflichtungen in Mio. Pfund Ende Juni 1968

Sterling Zone	2172
Andere Länder	1323
Internat. Organisationen	2134
Nettoverpflichtungen insges.	5629
Gold- und Devisenreserven des Sterling-Pools	1118

Quelle: Neue Zürcher Zeitung, 11. 9. 1968

In der Praxis bedeutet das, daß die an dem Kredit beteiligten Zentralbanken (die deutsche Bundesbank hat 400 Mio. Dollar gezeichnet, Frankreich hat sich an dieser Aktion nicht beteiligt) zum Teil eine Garantie für die Guthaben bei der Bank of England übernommen haben, d. h. für das Pfund Sterling die Rolle als Reservewährung übernehmen. Vgl. Süddeutsche Zeitung, 10. 9. 1968.

trugen die gesamten Devisenoperationen nur 1236 Mio. Dollar. – Auch ist es dem Fonds nicht gelungen, die Wirtschaftspolitik der Mitglieder so zu beeinflussen, daß die internationalen Zahlungen zum Ausgleich gekommen wären. Trotzdem hat sich aber die internationale Zahlungssituation im großen und ganzen wesentlich gebessert, und der Fonds hat zweifellos an dieser Besserung mitgewirkt. Es wäre falsch, die Bedeutung des Fonds allein auf Grund des Dollarwertes seiner Transaktionen bestimmen zu wollen. Wichtig ist vor allem, daß der Fonds ein internationales Forum darstellt, in dem die Wirtschaftspolitik aller Mitgliedsländer diskutiert wird, da die nationalen Maßnahmen jedes Landes für alle Mitgliedsländer von Bedeutung sind.«[19]

Die geringen Möglichkeiten des IWF, auf die internationale Währungspolitik der Nationalstaaten Einfluß zu nehmen, sind nur der institutionelle Ausdruck dafür, daß der Dollar als *internationales* Reservemedium, als »Weltgeld«, dennoch der *nationalstaatlichen Manipulierung* durch die USA unterworfen bleibt. Es wurde also institutionalisiert, daß es im Belieben der USA stand, »Weltgeld« zu schaffen, indem sie Dollar exportierten. Der Dollar, der nach Meinung der US-Politiker »so gut wie Gold« sein sollte, war für die USA viel besser als Gold. Um das »Weltgeld Dollar« zu schaffen, braucht weder Arbeit aufgewendet zu werden (wie es bei der Goldproduktion der Fall ist), noch bedeutet es einen Verzicht auf Gebrauchswerte, Dollar als Zahlungsmitel zu verwenden, wie es beim Gold der Fall ist, wenn es als Zahlungsmittel fungieren soll. Und der Dollar war von Anfang an tendenziell schlechter als Gold für alle anderen Staaten, da sie mit dem Dollar US-amerikanische Interessen importieren mußten und zwischen Dollar und Gold der Akt der Konvertierung gesetzt war.[20]

---

19 George N. Halm, Geld, Außenhandel und Beschäftigung, a. a.O., S. 207. Allerdings ist wohl Herbert Weise, Die internationalen Zahlungsprobleme in einer veränderten Weltwirtschaft, in: Beihefte der Konjunkturpolitik, Heft 14, 1967, S. 21 zuzustimmen, der zum Weltwährungssystem gerade wegen dieser reduzierten Bedeutung des IWF noch das Allgemeine Zoll- und Handelsabkommen (GATT), die Bank für internationalen Zahlungsausgleich (BIZ), die Institutionen des Zehnerclubs, des Goldpools usw. rechnet. Die Ziehungen der IWF-Mitgliedsländer von 1961 bis 1967 betrugen insgesamt 10,06 Mrd. Dollar, davon zog allein Großbritannien im Werte von 4022,5 Mio. Dollar.

20 Hier zeigt sich wieder die Bedeutung der Einlösbarkeit, der Konvertibilität, und die materielle Möglichkeit der Konvertibilität durch einen hinter dem Dollar stehenden Goldschatz.

Wie funktioniert nun der IWF? Nach seinen Statuten gehört es zu den Aufgaben des IWF, den Mitgliedsländern auf Antrag kurz- und mittelfristige Devisenkredite zur Verfügung zu stellen, um ihnen die Überwindung vorübergehender Zahlungsbilanzschwierigkeiten zu erleichtern. Diese Devisenkredite werden in der Weise zur Verfügung gestellt, daß das kreditnehmende Land im Rahmen seiner »Ziehungsrechte«, d. h. seiner verfügbaren Kreditlinie im IWF, andere benötigte Mitgliedswährungen auf eine bestimmte Zeit »zieht«. Solange sich diese Ziehung im Rahmen der eingezahlten Goldbeträge des betreffenden Landes halten, sind diese Ziehungen an keinerlei Bedingungen geknüpft (unconditional liquidity); erst wenn Ziehungen im Bereich der über die sogenannte Goldtranche hinausgehenden sogenannten Kredittranche erfolgen, stellt der IWF Bedingungen an die Zahlungsbilanzpolitik des ziehenden Landes (conditional liquidity). Die einem Lande bedingungslos zur Verfügung stehenden Ziehungsrechte werden als die Reserveposition im IWF bezeichnet. Diese »Reservepositionen« werden den jeweiligen Devisenreserven des betreffenden Landes zugerechnet.
Im IWF werden also Reserven durch die Subskriptionszahlung in Gold und durch Deviseneinzahlungen des Landes über die 25-prozentige Goldquote hinaus (»Supergoldtranche«) geschaffen. Aber bare Leistungen an den Fonds können auch dadurch erfolgen, daß ein Mitgliedsland seine Währung im Rahmen eines Kreditgeschäfts dem Fonds zur Verfügung stellt. 1961 haben sich die zehn wichtigsten Industrieländer (»Zehnerclub«)[21] bereiterklärt, unter gewissen Bedingungen dem IWF über die Subskriptionsverpflichtungen hinaus ihre Landeswährungen auf dem Kreditwege (bis zu einer Höchstgrenze) zur Verfügung zu stellen, um den beiden Leitwährungen Dollar und Pfund aus der Klemme zu helfen. Denn da diese für Ziehungen immer weniger in Frage kamen, mußten die Ziehungen immer mehr durch Abruf anderer Währungen, insbesondere der westeuropäischen Wäh-

[21] Der Zehnerclub wurde am 13. Dezember 1961 in Paris ins Leben gerufen, um die Dollar- und Pfundkrise des gleichen Jahres abzuwehren. Der IWF hatte sich allein als untauglich gegen schwere Währungskrisen herausgestellt. Dem Zehnerclub gehören die zehn stärksten kapitalistischen Industrieländer mit konvertiblen Währungen an: USA, Großbritannien, Italien, Frankreich, Japan, Kanada, Holland, Belgien, Schweden, BRD. Auf Zehnerclubländer entfallen 1967 fast zwei Drittel des Welthandels, nämlich 65 v. H..: USA 14,8; BRD 10,0; England 8,3; Frankreich 6,1; Japan 5,7; Kanada 5,3; Italien 4,7; Niederlande 4,0; Belgien 3,6; Schweden 2,4 v. H.

Tabelle 7
Reserveschaffung im IWF in Mio $

Position	Kumulativer Stand am Jahresende bzw. Veränderung im Kalenderjahr											
	1956	1957	1958	1959	1960	1961	1962	1963	1964	1965	1966	1967 1. Hj.
I. Summe der Reservepositionen =												
Bruttoreserveschaffung	2 278	2 313	2 557	3 250	3 570	4 158	3 795	3 940	4 155	5 376	6 331	5 897
Jährl. Veränderung	398	35	245	692	320	588	—363	145	215	1 221	955	—434
II. IWF-Goldbestand	1 692	1 180	1 332	2 406	2 436	2 077	2 194	2 312	2 179	1 869	2 652[1]	2 669[1]
Jährliche Zu- bzw. Abnahme (—)	—116	—512	152	1 074	30	—358	117	118	—133	—310	783[1]	17[1]
III. Nettoreserveschaffung (I ·/. II)	586	1 133	1 225	844	1 134	2 081	1 601	1 628	1 976	3 507	3 679	3 228
Jährliche Reserveschaffung bzw. -vernichtung (—)	514	547	92	—381	290	947	—480	27	348	1 531	172	—451

Quelle: Monatsberichte der Deutschen Bundesbank, August 1967, S. 63.

[1] Ohne Goldsichteinlagen in Höhe von 254 Mio $ (Ende 1966) und 277 Mio $ (Ende Juni 1967), die im Goldbestand der Reservewährungsländer mitgezählt werden.

rungen, gedeckt werden. Die EWG-Länder finanzierten von 1961–1966 denn auch 57 v. H. der Bruttoziehungen der IWF-Mitgliedsländer.[22]

Zudem wurde im Jahre 1962 das General Agreement to Borrow, die Allgemeine Kreditvereinbarung, beschlossen, mit der sich die Zehnerclub-Länder bereit erklärten, im Bedarfsfall Sonderkredite in ihren eigenen Währungen bis zu einer Gesamtsumme von 6 Mrd. Dollar zur Verfügung zu stellen.[23] Danach erwirbt ein kreditgebendes Land aus einer solchen Kreditgewährung ein Ziehungsrecht von ähnlicher Qualität wie jenes aus der Gold- und Supergoldtranche, so daß auch diese Kredite als Reservepositionen zum internationalen Reservebestand gerechnet werden. (Siehe Tabelle 7.)

Aber zusätzlich zu diesen permanent ausgeweiteten Kreditmöglichkeiten beim IWF, die als Reservepositionen auch folglich einen wachsenden Anteil der Weltwährungsreserven ausmachen[24], sind in den vergangenen Jahren sogenannte *»Swap-Fazilitäten«* der Notenbanken geschaffen worden.[25] Der Sinn der

---

[22] Monatsberichte der deutschen Bundesbank, August 1967, S. 59 ff.

[23] ebenda, S. 61. Diese Allgemeinen Kreditvereinbarungen wurden erstmals im Dezember 1964 mit 405 Mio. Dollar zur teilweisen Finanzierung der damaligen englischen IWF-Ziehung von 1 Mrd. Dollar herangezogen. Im Mai 1965 stellte die Zehnergruppe weitere 525 Mio. Dollar zur teilweisen Finanzierung der zweiten englischen Ziehung von 1,4 Mrd. Dollar zur Verfügung, zusammen also 930 Mio. Dollar.

[24] In den Jahren 1965 und 1966 entfielen von dem Zuwachs der Weltwährungsreserven um insgesamt rd. 3 Mrd. Dollar nicht weniger als 2,2 Mrd. Dollar auf die Erhöhung der Reservepositionen im IWF. Monatsberichte der deutschen Bundesbank, August 1967, S. 60. Darin kommt allerdings unmittelbar zum Ausdruck, daß im Komplex »Weltgeld« ein Substitutionsprozeß des »besseren« (Gold) durch das »schlechtere« Geld (Reservepositionen) stattfindet, der sicherlich nicht ad infinitum fortgesetzt werden kann. Die darin angelegte Tendenz zu »potenzierter internationaler Geldschöpfung«, da sich die einzelnen kapitalistischen Staaten gegenseitig Liquidität zuschanzen, wobei als Deckung der gegenseitigen Kredite oftmals die Kredite des anderen dienen – eine Form des Geschäfts, die im bürgerlichen Geschäftsleben unter die Kategorie des Betrugs subsumiert wird – wirkt sich auf die Dauer destabilisierend aus: dieses Gebäude steht so lange, wie alle kapitalistischen Staaten gemeinsame Interessen an dieser Form der Reserveschaffung haben und internationale Schuldverhältnisse nicht liquidieren. Die Umtauschaktion Frankreichs 1965 hat bereits gezeigt, wie labil dieses Gebäude ist, wenn wirklich Schuldverhältnisse durch Konvertierung in Gold eingelöst werden müssen.

[25] Dabei handelt es sich im alltäglichen Kreditverkehr um Geschäfte, bei denen im gleichen Geschäftsgang per Termin (z. B. in drei Monaten) gekauft und per Kasse verkauft wird und umgekehrt. Dadurch soll das Währungsrisiko gemildert werden. Hat eine Bank Devisenbestände und will sie

Swap-Geschäfte der Notenbanken liegt in der gegenseitigen Kreditgewährung. Wird eine Währung unter Druck gesetzt – z. B. durch Verkäufe von Dollar gegen den Kauf von DM – so kann aufgrund der Swap-Kreditlinien das Federal Reserve System (Zentralbank der USA) von der deutschen Bundesbank im Höchstfall 1 Mrd Dollar kurzfristig abrufen und als Puffer gegen die Anti-Dollar-Spekulation einsetzen. Die Swap-Vereinbarungen des Federal-Reserve-Systems mit anderen Notenbanken belaufen sich, wie die auf der gegenüberliegenden Seite abgebildete Tabelle zeigt, auf gegenwärtig 9,35 Mrd. Dollar.

Wie ersichtlich, dienen diese Vereinbarungen hauptsächlich dazu, den Dollar abzusichern, wenn auch von der Bundesbank betont wird, daß diese Vereinbarungen »nicht nur dem Dollar, sondern auch den Partnerwährungen (dienen), da sie auf Gegenseitigkeit abgeschlossen sind.«[26]

Alle diese Maßnahmen sollen die Umlaufgeschwindigkeit der Weltliquidität entsprechend den Liquiditätsanforderungen erhöhen. Sie müssen daher vor allem die Grundlage des gegenwärtigen Währungssystems, die Leitwährungen stützen. Die nationalstaatlichen Instanzen versuchen durch diese Maßnahmen die als Weltgeld fungierenden nationalen Währungen durch internationale Interventionen zu garantieren, ohne aber eine neue Basis, nämlich international geschaffenes Weltgeld, zu erzeugen. Diesen Akt haben die kapitalistischen Industrieländer erst im März 1968 mit der geplanten Einrichtung von »Sonderziehungsrechten« (SZR) vollzogen. Die SZR sind von der Genesis her internationales Geld, »Papiergold«[26a]. Sie sollen aufgrund

---

sie gegen einen Kursverfall absichern, so verkauft sie die Devisen auf Termin. Beträgt der Dollar-DM-Kurs heute 1 Dollar = 4 DM und verkauft die Bank 1000 Dollar auf Termin und sinkt der Dollarkurs auf 1:3,90, dann hat die Bank einen Verlust in Höhe von 100 DM gemacht, da sie einen Gegenwert von 4000 DM verkauft, der zum Termin nur noch 3900 DM wert ist. Gleichzeitig aber ist es der Bank möglich, diesen Verlust wieder wettzumachen, indem sie per Kasse zum Kurs von 1:3,90 für 3900 DM die 1000 Dollar zurückkauft. Würde die Bank diese kurssichernden Termingeschäfte nicht unternehmen, dann wären ihre Devisenbestände den Kursschwankungen der Währungen voll ausgeliefert.

[26] Geschäftsbericht der Deutschen Bundesbank für das Jahr 1967, S. 42. Verschiedentlich haben tatsächlich Zentralbanken auf das Federal Reserve System gezogen, so die Bank of England und die Bank of Canada, ebenda, S. 42.

[26a] Die »lächerliche Karikatur einer echten Währung«, wie Jaques Rueff, Währungsberater de Gaulles, sie charakterisierte. Süddeutsche Zeitung, 2. 4. 1968.

Tabelle 8
Swap-Vereinbarungen des Federal Reserve Systems mit anderen Notenbanken (Mio. US-$)

	Ende des Zeitraums						
Notenbank	1962	1963	1964	1965	1966	1967	ab 18.3. 1968
Großbritannien	50	500	750	750	1 350	1 500	2 000
Bundesrepublik	50	250	250	250	400	750	1 000
Frankreich	50	100	100	100	100	100	100
Italien	150	250	250	450	600	750	750
Niederlande	50	100	100	100	150	225	400
Belgien	50	50	100	100	150	225	225
Schweiz	100	150	150	150	200	400	600
Österreich	50	50	50	50	100	100	100
Schweden	—	50	50	50	100	200	250
Norwegen	—	—	—	—	—	100	100
Dänemark	—	—	—	—	—	100	100
Kanada	250	250	250	250	500	750	1 000
Japan	—	150	150	250	450	750	1 000
Mexiko	—	—	—	—	—	130	130
Bank für internationalen Zahlungsausgleich	100[1]	150[1]	150[1]	300[1]	400[1]	1 000[2]	1600[2]
Insgesamt	900	2 050	2 350	2 800	4 500	7 080	9 355

[1] Je zur Hälfte in sfr und sonstigen europäischen Währungen.
[2] Ende 1967 400 Mio $, ab 18. 3. 1968 600 Mio $ verfügbar in sfr, Restbetrag in sonstigen europäischen Währungen.
Quelle: Geschäftsbericht der Deutschen Bundesbank für das Jahr 1967, S. 41.

einer kollektiven Entscheidung von mindestens 85 v. H. der Teilnehmerländer nach Maßgabe des globalen Reservebedarfs der Weltwirtschaft zugeteilt werden. Sie stellen nicht mehr wie die herkömmlichen Devisenreserven eine Forderung gegen ein einzelnes Land dar, vielmehr beruhen die SZR auf der Verpflichtung aller währungsstarken Länder zur Annahme und zum Umtausch in verwendbare Währungen. Die Bundesbank schreibt dazu: »Die neu zu schaffenden Sonderziehungsrechte haben ... eine Reihe von Vorteilen gegenüber den herkömmlichen Devisenforderungen: Sie sind nicht von dem Vertrauen in die Wirtschafts- und Währungsstabilität eines einzelnen Landes abhängig. Sie tragen nicht das wirtschaftliche und politische Odium an sich, einem einzelnen Land Privilegien zu verschaffen, indem sie aus der Finanzierung von Zahlungsbilanzdefiziten dieses Landes entstehen. Sie sind in ihrer Höhe nicht von den zufälligen Schwankungen der Zahlungsbilanz eines einzelnen Landes abhängig, sondern von den bewußten Beschlüssen der Statengemeinschaft. Sie sind an das Gold gebunden, da sie eine unabdingbare Goldwertgarantie tragen...«[27] Die technischen Funktionsschwierigkeiten des Weltwährungssystems führen demnach geradewegs fort vom Golddollarstandard zum *GoldSZRstandard,* von dem nationalstaatlich geschaffenen Weltgeld Dollar zum multinational geschaffenen Weltgeld SZR. Aber hier liegen, jenseits der euphorischen Berichterstattung durch die Bundesbank über die Möglichkeit »bewußter Beschlüsse einer Staatengemeinschaft«, genau die Schwierigkeiten: Die Schaffung von SZR und die damit notwendig verbundene Errichtung einer Superzentralbank setzt eine weitgehende Interessenhomogenität der beteiligten Länder voraus (daher müssen die Beschlüsse über die SZR auch parlamentarisch von den IWF-Ländern ratifiziert werden, was bis heute noch nicht geschehen ist), eine Art Hilferdingsches Superkartell in internationalem Maßstab, einen Kautskyschen Überimperialismus, eine internationale »formierte Gesellschaft«. Denn ein gemeinsam geschaffenes Währungsmedium setzt die Aufgabe von Rechten voraus, die heute noch souverän auf nationalstaatlicher Ebene ausgeübt werden, eine Harmonisierung der divergenten Interessen im Rahmen kapitalistischer Konkurrenz auf dem Weltmarkt, die schon im Block hochentwickelter kapitalistischer Staaten illusorisch ist – wie die jüngsten Währungskrisen (November 1968, Mai 1969) sehr deutlich gezeigt haben. Das Währungsmedium SZR wäre noch krisenanfälliger als der Dollar oder es degeneriert im Ausmaß der sich zuspitzenden Konflikte wieder auf eine nationale Währung als Medium – womit wir beim Ausgangspunkt der währungstechnischen Überlegungen wieder angelangt wären.

Verfügbarkeit und Sicherheit der Reservewährungen

In einem Reservewährungssystem kommt der Widerspruch zwischen Reservewährungsländern und den anderen Ländern darin

[27] Geschäftsbericht der deutschen Bundesbank für das Jahr 1967, S. 47.

zum Ausdruck, daß die Reservewährung(en) in genügender Menge zur Abwicklung des internationalen Zahlungsverkehrs *verfügbar* sein muß, daß sie aber zugleich auch *sicher*[28] sein muß. Unter der Annahme, daß das Welthandelsvolumen schneller wächst als die zu Währungszwecken (als Zahlungsmittel) verfügbare Goldmenge, muß tendenziell das Reservewährungsvolumen über die Goldbeträge hinausgehen.[29] Das Reservewährungsland muß folglich grundsätzlich mehr Reserven schaffen als durch Gold gedeckt sind, d. h. die Verfügbarkeit internationaler Liquidität wird auf Kosten der Sicherheit der Reservewährung erhöht.

Die beiden Bedingungen für eine Reservewährung – Verfügbarkeit und Sicherheit – widersprechen sich also auf lange Sicht. Solange nicht mehr Dollar-Devisen von ausländischen Zentralbanken gehalten werden als Währungsgold in Fort Knox lagert, ist offensichtlich die Sicherheit der Reservewährung Dollar nicht beeinträchtigt. Jeder Dollar kann jederzeit in Gold umgetauscht werden, alle internationalen Schuldverhältnisse können endgültig getilgt werden. Aber die Verfügbarkeit ist in diesem Falle begrenzt. Sie ist nicht größer als die Goldbestände. Erst wenn die Dollarreserven für den internationalen Austausch größer als die Goldbestände der USA sind, wird zusätzliche internationale Liquidität geschaffen, wird also die Verfügbarkeit erhöht. Die Sicherheit des Dollar ist mit dem gleichen Schritt jedoch verringert, da die ausländischen Dollarreserven nicht mehr voll durch Gold gedeckt sind und alle internationalen Schuldverhältnisse *gleichzeitig* nicht mehr durch Goldtransfer vom Schuldner zum Gläubiger getilgt werden können.

Da andererseits die Verfügbarkeit mit dem Volumen des internationalen Handels steigt, und diese Steigerung in der Nachkriegszeit sehr schnell vonstatten ging, bedeutet das eine Tendenz zur relativen Verdrängung des Goldes als »Weltgeld«. Tabelle 9 auf der folgenden Seite zeigt diesen Prozeß sehr deutlich. Der Anteil des Goldes an den Gesamtwährungsreserven ist demnach in neun Jahren um 12 v. H. gesunken, während der Anteil der Reservewährungen (Dollar und Pfund) um ca. 9 v. H. gestiegen ist. Es ist abzusehen, daß dieser Prozeß nicht unendlich fort-

[28] Der Ausdruck »sicher« ist hier lediglich als Umschreibung der permanenten Konvertierbarkeit der Reservewährung in das »neutrale« Gold zu verstehen.
[29] Vgl. dazu auch das vorige Kapitel.

Tabelle 9
Anteile an den Weltwährungsreserven

	Ende 1958 in Mrd Dollar	in vH	Ende 1967 in Mrd Dollar	in vH
Gold	38,0	65,97	39,5	53,84
Reservepositionen beim IWF	2,6	4,52	5,7	7,84
Reservewährungen	17,0	29,52	28,1	38,32
Insgesamt	57,6	100,00	73,3	100,00

Quelle: Fritz Diwok, a. a. O., S. 20.

gesetzt werden kann und die kapitalistischen Widersprüche zwischen den Nationalstaaten währungspolitisch virulent werden, wenn die Sicherheit der Reservemedien vorwiegend auf der Politik der Reservewährungsländer USA und Großbritannien beruht.[30]

Das daraus resultierende »Dilemma« der Leitwährungsländer manifestiert sich am deutlichsten in der Entwicklung der Zahlungsbilanzen der USA und Großbritanniens. Die Zahlungsbilanz der USA wies in den unmittelbaren Nachkriegsjahren infolge des europäischen Nachholbedarfs hohe Überschüsse auf. Von 1950 bis 1956 aber war die US-Zahlungsbilanz permanent defizitär. In diesen Zeitraum fällt der Übergang von der »Dollarlücke« der Nachkriegszeit zur »Dollarinflation«, d. h. dem Übersteigen der ausländischen Dollarreserven über die US-Goldbestände. Die durchschnittliche Höhe der Defizite betrug 1,5 Mrd. Dollar. Infolge der Suez-Krise erzielten die USA 1957

[30] Fritz Diwok, a. a. O., S. 83 stellt eine Tabelle auf, nach der den US-Devisenschulden in Höhe von insgesamt 99 Mrd. Dollar US-Devisenguthaben in Höhe von 133 Mrd. Dollar gegenüberstehen, d. h. also die Devisenposition der USA mit 34 Mrd. Dollar positiv sei. Bei einer Aufgliederung dieser Werte in kurzfristige und langfristige zeigt es sich aber, daß den kurzfristigen Devisenguthaben von 18 Mrd. Dollar (davon 10 Mrd. Dollar Gold) kurzfristige Devisenschulden in Höhe von 34 Mrd. Dollar gegenüberstehen. Die USA befinden sich als Volkswirtschaft »in der Lage eines Unternehmens . . ., das zu viel investiert hat und deshalb von Illiquidität bedroht ist.« (Helmut Lipfert in der Süddeutschen Zeitung, 18. März 1963) Die Bedingung der Goldkonvertibilität wird demnach durch den gleichen Akt verletzt, der die Bedingung der ökonomischen Stärke verbessert. Die drei oben genannten Prinzipien für ein Leitwährungsland stehen demnach in Widerspruch zueinander!

Tabelle 10
Zahlungsbilanzentwicklung der USA und Großbritanniens, 1953—1967, (Mrd. US-Dollar)

Position	Jahres-durchschnitt 1953–56	Jahres-durchschnitt 1958–60	Jahres-durchschnitt 1961–64	1966	1967
	I. USA				
Bilanz der lfd. Posten (ohne militär. Transaktionen)	4,0	4,26	7,75	6,94	6,56
Bilanz der Regierungstransaktionen					
a) militär.	—2,59	—2,89	—2,35	—2,85	—3,05
b) Auslandshilfe	—2,05	—2,45	—3,23	—3,45	—4,13
Kapitalbilanz (private Transaktionen)	—0,82	—2,64	—5,12	—2,07	—3,42
Gesamtzahlungsbilanz (Liquiditätsbasis)	—1,49	—3,71	—2,51	—1,36	—3,58
	II. Großbritannien				
Bilanz der lfd. Posten	0,22	0,22	—0,11	—0,09	—1,39
Saldo des langfristigen Kapitalverkehrs	—0,49	—0,60	—0,39	—0,29	—0,07
Saldo der Gesamtzahlungsbilanz	—0,09	—0,07	—0,50	—0,41	—0,85

Quelle: Geschäftsbericht der Deutschen Bundesbank für das Jahr 1967, S. 36.

einen knappen Zahlungsbilanzüberschuß; seitdem aber ist die Zahlungsbilanz wieder ununterbrochen defizitär.

Die Zahlungsbilanzdefizite der USA waren innerhalb des gegenwärtigen Währungssystems eine Notwendigkeit. Es wäre sonst keine über das Gold hinausgehende zusätzliche internationale Liquidität erzeugt worden. Das heißt, daß innerhalb des Weltwährungssystems das Postulat nach Zahlungsbilanzausgleich, nach »zahlungsbilanzkonformer« Wirtschaftspolitik gar nicht erfüllt werden darf, wenn nicht die verfügbare Liquiditätsmenge stark reduziert werden soll. Das Postulat der Verfügbarkeit von Liquidität kann überhaupt nur durch defizitäre Wirtschaftspolitik realisiert werden. Eine Zahlungsbilanz ist aber nur der aggregierte Ausdruck aller Zahlungsbewegungen mit dem Ausland und die Aussage, die Zahlungsbilanz sei defizitär, enthält ohne Aufgliederung des Aggregats nur geringe Informationen. Wir müssen daher weiterfragen, auf welche Art und Weise der Dollar als internationale Liquidität von den USA exportiert worden ist.

Die Struktur der US-Zahlungsbilanz zeigt, daß die Defizite durch private Kapitalexporte und Regierungstransaktionen[31] zustandegekommen sind, die die Handelsbilanzüberschüsse überkompensieren. In der Nachkriegszeit haben die USA wirtschaftliche und militärische Übertragungen in Höhe von insgesamt 102,49 Mrd. US-Dollar vorgenommen, darunter 65,5 Mrd. Dollar für »wirtschaftliche« und 35,7 Mrd. Dollar für militärische Zwecke. Diese Zahlen sind bereits Netto-Werte, d. h. von den Bruttozahlungen sind die Tilgungen und Rückzahlungen, soweit es sich um Kredite handelt, subtrahiert. Folgende Tabelle schlüsselt diese Werte weiter auf:

Tabelle 11
Staatliche Auslandshilfe der USA in der Nachkriegszeit insgesamt, Nettowerte in Mio. US-Dollar

	Westeuropa	Afrika	Mittel- u. Südamerika	Ferner Osten	Alle
Wirtschaftliche					
Schenkungen					43 788
Kredite					18 389
kurzfr. Warenkredite					3 332
Wirtschaftshilfe	23 810	2 229	5 537	14 541	65 509
Militärische					
Schenkungen	16 167	174	945	12 024	35 691

Quelle: Statistisches Jahrbuch für die BRD, 1967, S. 160.

[31] Die Kapitalexporte und Regierungstransaktionen sind aber oftmals eine Voraussetzung für den Handelsbilanzüberschuß. Daher kann nicht etwa argumentiert werden: Wenn die USA nicht so viel Kapital exportieren und nicht so viel Militär- und Entwicklungs»hilfe« leisten würden, dann würde der Handelsbilanzüberschuß schon für eine positive Zahlungsbilanz sorgen. Adolf Kozlik, Der Vergeudungskapitalismus – Das ameri-

Allein der durch militärische »Verpflichtungen« bedingte Devisenbedarf der USA zehrt die durch eine aktive Handelsbilanz erzielten Überschüsse weitgehend auf:

Tabelle 12
Entwicklung der laufenden Deviseneinnahmen und -ausgaben militärischer Natur und Handelsbilanz der USA in Mrd. Dollar

	1955	1960	1965	1966	1967
Deviseneinnahmen (hauptsächlich aufgrund von Waffenkäufen)	0,2	0,3	0,8	0,8	1,3
Devisenausgaben	—2,9	—3,0	—2,9	—3,7	—4,3
US-Devisenbedarf für lfd. militärische Zwecke	2,7	2,7	2,1	2,9	3,0
Überschuß der Handelsbilanz	2,8	4,8	4,7	3,7	3,5
Devisenbedarf für lfd. militärische Zwecke in vH des Handelsbilanzüberschusses	96,3	56,3	44,7	78,3	85,7

Quelle: Fritz Diwok, a. a. O., S. 71, 74, eigene Berechnung.

Daraus geht hervor, daß allein der Devisenbedarf der USA für militärische Zwecke den Handelsbilanzüberschuß zum größten Teil aufzehrt. Es ist daher nicht erstaunlich, wenn die USA versuchen, den Devisenbedarf zu reduzieren, ohne ihr weltweites militärisches Engagement zu reduzieren. Diesem Zweck dienen die »Devisenausgleichsabkommen«, die seit 1966 jedes Jahr zwischen den USA und der währungsstarken BRD ausgehandelt werden. Die BRD soll danach die Kosten der US-amerikanischen Truppenstationierung in Westdeutschland übernehmen, um die

kanische Wirtschaftswunder, Wien-Frankfurt-Zürich 1966, S. 271, zitiert den jährlichen Bericht des Ausschusses der Wirtschaftsberater vom Januar 1964: »Eine Kürzung des ausströmenden Kapitals oder der Auslandshilfe würde das Defizit nur in dem Ausmaß verringern, als es nicht einen Rückgang der Ausfuhr verursachen würde.« In Westdeutschland ist derzeit der gleiche Prozeß mit umgekehrtem Vorzeichen im Gange: Der gegenwärtige Exportüberschuß wird von der Industrie durch rasch ansteigende Kapitalexporte zu konsolidieren versucht, so daß in einer Phase schwieriger Weltmarktbedingungen der Kapitalexport auch für Westdeutschland Voraussetzung der positiven Handelsbilanz wird. Vgl. dazu das folgende Kapitel.

US-Zahlungsbilanz zu entlasten. Während die USA regelmäßig die vollen Devisenausgaben für die Truppenstationierung in Rechnung stellen, versucht die BRD nur einen Teil der Kosten zu übernehmen. In den jüngsten Verhandlungen über den Devisenausgleich fordern die USA 900 Mio. Dollar (3,6 Mrd. DM), die BRD offeriert 80 v. h. dieser Kosten, also 2,9 Mrd. DM. Mittlerweile hat der Senator Charles Percy vorgeschlagen, ein multilaterales Clearing-System zur Verrechnung von Rüstungskäufen im NATO-Bereich zu schaffen.[31a] Die BRD würde dann nicht mehr den USA Devisenausgleichsbeträge zu überweisen haben, sondern könnte die Gegensumme zu den Devisenkosten der USA an die Clearing-Stelle der NATO überweisen und ihre Waffenkäufe in den USA darauf anrechnen. Dieses System wäre in Perfektion der Zwang, Gelder für Waffenkäufe zu vergeuden, um die Devisenposition der USA zu verbessern. Im übrigen beinhaltet das System des Devisenausgleichs – da dadurch gerade eine Reduktion der aggressiven US-Militärpolitik überflüssig gemacht wird – eine Beteiligung am und eine Stützung des US-Imperialismus insbesondere gegenüber der Dritten Welt!

Zu den wirtschaftlichen und militärischen Transaktionen als Faktoren, die auf die Zahlungsbilanz defizitär wirken, kommen noch die Kapitalexporte der USA hinzu, die im Zeitraum 1950/58 im Jahresdurchschnitt 1,1 Mrd. Dollar, im Zeitraum 1959/62 1,6 Mrd. Dollar jährlich, im Zeitraum 1963/66 2,8 Mrd. Dollar pro Jahr betragen haben. (Siehe Tabelle 13.)

Aus diesen Angaben wird deutlich, auf welche Weise von den USA der Dollar als »Weltgeld« geschaffen wird: durch militärische, ökonomische und politische Devisenanforderungen, durch Kapitalexport, also durch eine imperialistische Politik der USA. Die USA exportieren nicht ihren Dollar als bloßes technisches Zahlungsmittel für die Abwicklung des Welthandels, sondern mit dem Export des Dollar verstärken die USA ihre ökonomische, politische, militärische Position als Weltmacht. Das Weltwährungssystem ist demgegenüber nicht neutral, da es auf dem Dollar als Reservemedium basiert. Das Weltwährungssystem und seine Funktionsfähigkeit sind von den Schwierigkeiten der Kapitalverwertung unter imperialistischen Bedingungen gekennzeichnet. Es offenbart sich hier nämlich das fundamentale Problem, daß Währungen nicht nur technische Austauschmedien,

---

[31a] Süddeutsche Zeitung vom 28. 11. 1966; 4./5. 6. 1969; 12. 6. 1969.

Tabelle 13
Die privaten amerikanischen Direktinvestitionen im Ausland
a) Neue Kapitalien, ohne reinvestierte Gewinne

	Jahresdurchschnitte in Mio. Dollar 1950/58	1959/62	1963/66
Ganze Welt	1 087	1 580	2 827
Westeuropa	152	760	1 384
EWG	63	306	837
Großbritannien	68	286	260
Entwicklungsländer	468	351	604
b) Reinvestierte Gewinne			
Ganze Welt	902	1 148	1 546
Westeuropa	209	304	434
EWG	81	117	87
Großbritannien	109	128	205
Entwicklungsländer	349	402	423

Quelle: Economic Commission for Europe, zit. nach: Neue Zürcher Zeitung, 31. März 1968[32]

sondern immer auch *Geldkapital* sind. Damit aber werden die Widersprüche im Weltwährungssystem zurückgeführt auf die Widersprüche innerhalb kapitalistischer Konkurrenz im Weltmaßstab.[33] Der Widerspruch zwischen Verfügbarkeit und Sicherheit stellt sich hier als »Dilemma« des Reservewährungslandes USA heraus. Durch Dollarexporte, d. h. durch die Erhöhung der Verfügbarkeit internationaler Liquidität, festigen die USA ihre Position als imperialistische Großmacht auch gegenüber allen anderen hochentwickelten kapitalistischen Staaten. Da aber durch den gleichen Akt, der die Verfügbarkeit des Dollar erhöht, dessen Sicherheit verringert wird, wird die US-Wäh-

[32] Daß in die EWG im Vergleich zu Großbritannien sehr viel mehr Kapital exportiert worden ist, geht daraus hervor, daß in der EWG das Verhältnis von Neuanlagen zu reinvestiereten Gewinnen 1959/62 rund 3:1, 1963/66 rund 10:1 beträgt, in Großbritannien dagegen lediglich 1959/62 rund 2:1 und 1963/66 rund 1:0,75. Allein in der BRD investierten US-Firmen 1961 176 Mio, 1963 294 Mio., 1963 296 Mio. und 1964 500 Mio. Dollar. Von den 1000 bedeutendsten US-Firmen verfügten 1967 etwa 700 über eigene Produktionsstätten in Europa, gegenüber nur 460 im Jahre 1964. Vgl. dazu Berichte des deutschen Industrie-Instituts zur Wirtschaftspolitik, Nr. 1/1967.

[33] Darauf hat auch Claudio Di Toro, The Coming Monetary Crisis, in: International Socialist Journal, Nr. 25, Februar 1968 hingewiesen.

rung als internationales Medium *und* als nationalstaatliches Regulierungsinstrument anfällig für währungspolitische Manipulationen selbst kleinerer Staaten. Denn wenn die Dollarbestände im Ausland die Goldbestände in den USA übersteigen, die für währungspolitische Zwecke zur Verfügung stehen (seit März 1968 kann der gesamte Goldbestand der USA dazu verwendet werden), dann führen auch kleinere Konvertierungsaktionen des Dollar in Gold zu größeren Spekulationen, die den Dollar in Gefahr bringen. Wird aber das gegenwärtige Währungssystem mit dem Dollar als Leitwährung von den kapitalistischen Staaten gestützt, so wird die imperialistische US-Politik auch weiterhin ermöglicht. Und umgekehrt: Divergente Interessen, die sich aus dem US-Imperialismus ergeben, und die latenten nationalstaatlichen Konflikte führen langfristig zur Beseitigung des gegenwärtigen Währungssystems, da es einen der Hauptpfeiler des US-Imperialismus darstellt.

Eine Dimension der Weltwährungskrise besteht also darin, daß die notwendige Verfügbarkeit nationaler Währungen als internationale Liquidität durch imperialistische Politik hergestellt wird. Damit aber kommen fundamentale Interessenkonflikte ins Spiel, die die Krisen des Währungssystems produzieren.[34] Hinter dem Geldschleier von neutraler Entsprechung der Güter- und Geldseite in der Weltwirtschaft werden die kapitalistischen Widersprüche sichtbar, die durch die Internationalisierung nationaler Währungen in die Weltwirtschaft und vor allem das Weltwährungssystem getragen werden.

Die Art und Weise, in der Währungsreserven verfügbar werden, betrifft somit nicht nur die Sicherheit der Reservewährungen, sondern die gesamte Interessenstruktur des Weltkapitalismus.

Der Euro-Dollar

Zwar haben alle an der Weltwirtschaft beteiligten kapitalistischen Länder formal die gleiche Möglichkeit, ihre Währung als

---

34 Daher betonen die bürgerlichen Ökonomen so intensiv die Bedeutung des »Vertrauens« in die Reservewährungen. Roy Harrod, Reforming the World's Money, London – Melbourne – Toronto – New York 1965, S. 17, schreibt: »The very idea of liquidity is essentially psychological.« »Vertrauen« ist aber keine psychologische Kategorie, sondern abhängig von den materiellen Interessen und den Möglichkeiten ihrer Durchsetzbarkeit.

Kapital zu exportieren, aber das Leitwährungsland, auf dessen Währung sich alle anderen Währungen beziehen, in dessen Währung der größte Teil des Welthandels abgewickelt wird und dessen Währung als Zentralbankreserve gehalten wird, hat den großen Vorteil, daß diese technische Funktion die Möglichkeit erleichtert, Währungsgeld als Kapital zu exportieren. Die USA haben folglich einen Vorsprung gegenüber allen anderen Konkurrenten, der sich aus ihrer Position als Leitwährungsland ergibt.

Zahlungsbilanzdefizite der USA sind nichts anderes als Kreditaufnahmen der USA bei all denjenigen Ländern, die Dollarreserven halten. Dadurch haben die USA die Möglichkeit, ohne Gegenleistung zu importieren – sie können die allgemeine Ware, das Weltgeld, schaffen, mit der sie alle besonderen Waren zu kaufen vermögen – und, was allerdings viel wichtiger ist, Kapital zu exportieren, das mittels der Dollarbestände bei ausländischen Zentralbanken finanziert wird.[35]

In den Jahren seit 1958 – seit der Konvertibilität der europäischen Währungen also – hat sich noch eine weitere Methode zur Finanzierung des US-Zahlungsbilanzdefizits herausgebildet: die Finanzierung über den Euro-Dollarmarkt. Es handelt sich bei Euro-Dollars um US-amerikanische Dollars, die außerhalb der USA gehandelt werden. Das Volumen dieses Marktes beträgt schätzungsweise 12–15 Mrd. Dollar, deren Besonderheit darin besteht, daß sie nicht in die USA retransferiert werden, sondern im Ausland verbleiben. Dazu müssen die Anlagen in diesen Eurodollars so interessant sein, daß die Anleger kein Interesse daran entwickeln, Euro-Dollars in andere Währungen oder Gold zu konvertieren. Durch Anlagen in Euro-Dollars wird also das US-Zahlungsbilanzdefizit finanziert. »Mit einer rein ›nationalen‹ Währung ginge das nicht, doch der Dollar ist eben international verwertbar; die Entwicklung des Euro-Dollar hat ihn noch weiter und stärker verwertbar gemacht.«[36] Hier wird deutlicher als in anderen Bereichen, daß Dollar als Währung und Dollar als Kapital weitgehend zusammenfallen!

Euro-Dollars werden aber nicht nur als Dollar-Depositen bei

---

[35] Als Frankreich im Jahre 1965 seine Dollarbestände gegen Gold eintauschte und dadurch eine Währungskrise verursachte, wurde als Begründung angegeben, daß diese Währungsordnung nicht alle Staaten gleich behandle. So Guiscard d'Estaing nach Süddeutsche Zeitung, 16. 2. 65.

[36] Fritz Diwok, a. a. O., S. 168 f.

europäischen Banken auf kurze Frist (180 Tage) angelegt, sondern in immer größerem Maße bei US-amerikanischen Unternehmen. Nachdem die US-Regierung seit 1965 den Unternehmen die Kreditaufnahme auf dem US-Kapitalmarkt beschränkt hatte, wichen sie auf den Euro-Dollarmarkt aus.[37] Die amerikanischen Unternehmen legten Anleihen auf, mit denen sie sich Gelder für Investitionszwecke im Ausland, insbesondere in Westeuropa (vgl. Tab. 13), verschafften. Der Euro-Dollarmarkt ist somit nichts anderes als ein internationaler Ableger des US-Kapitalmarktes, der den US-Investitionen – vor allem nach Westeuropa – nachfolgte und zu deren Finanzierung verwendet wird. Die Finanzierung des US-Zahlungsbilanzdefizits drückt sich konkret darin aus, daß die US-Kapitalexporte durch Euro-Dollaranleihen finanziert werden. Dadurch wird erreicht, daß die aus der US-Zahlungsblianz resultierenden Verpflichtungen auf lange Fristen »fundiert« werden, d. h. zu kurzfristigen Spekulationen nicht mehr frei verwendet werden können.[38] Die ökonomische Stärke der USA – eines der drei Prinzipien für ein Leitwährungsland – ermöglicht die langfristige Fundierung der Defizite.

Aber durch Euro-Dollaranleihen werden dem europäischen Kapitalmarkt Mittel entzogen. Denn die Euro-Dollars sind nichts anderes als Kredite, die von westeuropäischen Unternehmen den USA gewährt werden, solange sie nicht in Gold oder eine andere Währung konvertiert werden. Der Euro-Dollarmarkt ist daher das gemeinsame Kind des US-Zahlungsbilanzdefizits und der westeuropäischen Zahlungsbilanzüberschüsse! Die von den USA mit dem Euromarkt gewonnenen Möglichkeiten, ihr Defizit zu fundieren, bedeutet einen Abzug von Kapitalien von den europäischen Kapitalmärkten. Nach der EWG-Bankiervereinigung sind als Folge der Restriktionen von Kapitalexporten seitens der USA 1965 307 Mio., 1966 631 Mio., 1967 590 Mio. und im ersten Halbjahr 1968 1357 Mio. Dollar Euro-Anleihen amerikanischer Schuldner aufgelegt worden. Die europäischen Ban-

---

[37] Auf den Euro-Kapitalmärkten wurden in den letzten sechs Jahren für 8 Mrd. US-Dollar Anleihen aufgelegt, davon allein für 3,3 Mrd. Dollar im Jahre 1968, von denen wiederum 2,2 Mrd. Dollar auf das Konto amerikanischer Unternehmen gehen.

[38] Großbritannien wäre froh, wenn es ebenfalls die Möglichkeit hätte, sein Zahlungsbilanzdefizit durch Euro-Pfund-Anleihen in größerem Umfang langfristig zu fundieren. Aber die britische Währung ist für das westeuropäische Kapital nicht attraktiv genug und die Renditen sind zu gering, als daß ein solcher Prozeß möglich erschiene.

ken und Konzerne, die diese Geschäfte betreiben, legen in Euro-Dollar deshalb an, »weil ihnen die amerikanischen Konzerne größere Sicherheit, höhere Zinsen oder höhere Rendite gewährleisten.«[39] Zumindest ist die Rendite höher, als wenn die Bestände in Gold, das völlig unverzinslich ist, oder in kurzfristigen Devisenbeständen gehalten würden.
Andererseits kann der Euro-Dollarmarkt nur so lange funktionieren, wie die US-Wirtschaft hohe Renditen gewährleisten kann. Ist das nicht mehr der Fall, dann wird auch auf dem Euro-Dollar-Markt ein Kursverfall mit steigenden Zinssätzen für kurzfristiges Leihkapital stattfinden, der zu einer Flucht aus dem Euro-Dollar der Anlaß sein kann. Während also hinter dem Dollar als Weltgeld das Gold als »Sicherheit« steht, ist für den Dollar als Kapital – sofern er als Eurodollar gehandelt wird – nicht mehr die Goldkonvertibilität, sondern die ökonomische Entwicklung der USA maßgebend.

Kapitalexporte und Profitrate

Die ökonomische Stärke eines Landes, die Voraussetzung dafür ist, daß seine Währung zur Weltreservewährung werden kann, wird – wenn die Währung Reservewährung geworden ist – weiter erhöht, da, wie wir gesehen haben, das Reservewährungsland aufgrund der spezifischen Mechanismen im Golddollarstandard begünstigt ist. Daraus ergibt sich, daß die im Kapitalismus prinzipiell angelegte Ungleichzeitigkeit der Entwicklung durch die besondere Konstruktion des Weltwährungssystems verstärkt wird. Andererseits wird das Währungssystem durch diesen Zusammenhang anfälliger, da Mitkonkurrenten des Leitwährungslandes versuchen können, durch Einflußnahme auf das Weltwährungssystem das Kapital des Konkurrenten zu treffen. Der Kampf der nationalen Kapitale untereinander, vermittelt jeweils durch die nationalstaatliche Politik, bedient sich daher auch des Währungssystems.
Im Modell des Gold-Automatismus war noch die Möglichkeit des internationalen Ausgleichs der Profitraten angelegt, wenn

[39] Ernest Mandel, Die EWG und die Konkurrenz Europa-Amerika, Frankfurt 1968, S. 75.

wir von *gleichem* und nicht von ungleichem Austausch ausgehen, d. h. wenn wir von kolonialer Ausbeutung abstrahieren. Im Monopolkapitalismus kann ein internationaler Ausgleich der nationalen Profitraten jedoch nicht einmal mehr *vorgestellt* werden. Denn wenn in den kapitalistischen Nationalstaaten bereits eine deutliche Hierarchisierung der Profitraten – entsprechend dem Monopolgrad in den einzelnen Wirtschaftszweigen – eingetreten ist, dann kann in der internationalen Wirtschaft nicht ein Ausgleich der Profitraten vorausgesetzt werden. Daraus ergeben sich aber für das Weltwährungssystem Konsequenzen, weil die Leitwährung notwendig in einen Konflikt gerät zwischen ihrer neutralen Funktion als Weltgeld und ihrer nationalstaatlichen, »interessierten« Funktion als Trägerin von Kapitalinteressen. So ist der im Monopolkapitalismus notwendige Kapitalexport abhängig von der Konstruktion des Währungssystems, vor allem von der Konvertibilität der Währungen. Kapitalexporte haben aber im Monopolkapitalismus nicht mehr die Bedeutung als Ausgleichsfaktoren der Profitraten – im Gegenteil tragen sie dazu bei, monopolistische Strukturen zu verschärfen, wie insbesondere Baran und Sweezy gezeigt haben. Mit anderen Worten: Die Kapitalexporte bewirken keinen Ausgleich der Profitraten; ihre Funktion besteht vielmehr darin, die bereits existierenden monopolistischen Strukturen in der Weltwirtschaft zu erhärten.
Hier sind jedoch zwei Fälle zu unterscheiden. Zwischen den hochentwickelten kapitalistischen Staaten bedeutet die Monopolisierung und die dadurch bedingte Hierarchisierung der Profitratenstruktur nicht zugleich auch eine Hierarchisierung der einzelnen kapitalistischen Länder. Hier findet vielmehr wechselseitiger Kapitalexport statt, wenn auch nicht synchronisiert, sondern immer unter dem allgemeinen Gesetz der Ungleichzeitigkeit der Entwicklung stehend. Daher kommt es, daß Länder mit hohem Kapitalexport, wie die USA, auch gegenüber hochentwickelten kapitalistischen Staaten zeitweise einen relativen Vorsprung sich zu verschaffen vermögen, der allerdings immer gefährdet ist.
Die Einseitigkeit des Kapitalexports wird aber dramatisch für die schwach entwickelten kapitalistischen Länder der dritten Welt. Denn die Einseitigkeit der Kapitalexporte und die Hierarchisierung der Profitraten beinhalten auch die Hierarchisierung der Länder selbst. Die Kapitalbewegungen von den schwach entwickelten kapitalistischen Ländern nach Nordamerika und West-

europa sind regelmäßig Rückflüsse, d. h. retransferierte Profite von investierten Kapitalen.[40]

Kapitalexporte sind nicht folgenlos für das Weltwährungssystem. Kapital wird exportiert, nicht weil die absolute Masse des nationalen Kapitals zu groß ist, sondern weil nationales Kapital relativ zu den profitablen Anlagemöglichkeiten überschüssig ist und daher exportiert werden muß, um überhaupt einen Profit zu erzielen. Dadurch wird einerseits ermöglicht, die *nationalstaatliche* durchschnittliche Profitrate an ihrer langfristig fallenden Tendenz zu hindern und auf diese Weise ökonomische Krisen als Regulatoren der Profitrate hinauszuschieben, andererseits wird durch Kapitalexport die *weltweite* durchschnittlich erzielbare Profitrate langfristig gesenkt, obwohl die absoluten Profitmassen steigen können. Kapitalexporte sind also geeignet, der nationalstaatlichen Wirtschaftskrise entgegenzuwirken; sie schaffen damit aber zugleich die Voraussetzungen für eine weltweite Wirtschaftskrise, die – wie wir bereits gesehen haben – unmittelbar das Weltwährungssystem betrifft. Selbstverständlich handelt es sich hierbei um eine langfristige, aber dennoch sehr wirksame Tendenz, die über »die vergängliche Natur des Kapitalismus« (Joseph M. Gillman) Aufschluß gibt.

Da also kein Automatismus innerhalb des Weltwährungssystems dafür sorgt, daß sich die Profitraten international einigermaßen ausgleichen, versuchen die Nationalstaaten, sich durch diverse wirtschafts-, finanz- und währungspolitische Maßnahmen vor den Konsequenzen der Ungleichzeitigkeit der Entwicklung zu schützen. Aus dem Bündel möglicher Gegenmaßnahmen sei hier lediglich eine erwähnt, die zwar bisher (1969) von den am westlichen Weltwährungssystem beteiligten Staaten nicht ergriffen worden ist, die dennoch als ultima ratio in der nationalstaatlichen wirtschaftspolitischen Verfügung bleibt: Die Aufhebung der Währungskonvertibilität.[41] Eine solche Maßnahme hätte aber nicht nur für das Weltwährungssystem und

[40] Vgl. dazu Paul A. Baran und Paul M. Sweezy, Monopolkapital, Frankfurt 1967. Die Autoren versuchen zu zeigen, daß Kapitalexport als Form der Surplusabsorption nicht gelingen kann, wenn die Erträge des exportierten Kapitals als Rückflüsse – die zudem größer als die Exporte sind – das Angebot an investierbarem Kapital erhöhen, anstatt es zu absorbieren.

[41] In den derzeitigen Währungskrisen ist die Rede von »milden Formen« der Nicht-Konvertibilität, wie sie etwa von Frankreich seit November 1968 praktiziert werden: Devisenkontrollen an der Grenze, ohne aber das Kapital an Kapitalexporten effektiv zu hindern oder gar der Spekulation das Wasser durch Kontrollmaßnahmen abzugraben.

dessen Funktionsfähigkeit weitreichende Konsequenzen, sondern würde auf das Weltwirtschaftssystem insgesamt sich auswirken. Diejenigen Länder, die einerseits über US-amerikanisches Kapital in der Volkswirtschaft klagen und andererseits Dollarguthaben bei der Zentralbank halten, finanzieren zu einem Teil die amerikanischen Auslandsinvestitionen. Hier zeigt sich in besonders eklatanter Weise, daß die Konstruktion des gegenwärtigen Weltwährungssystems das Leitwährungsland USA relativ begünstigt und ihm neben dem technologischen Vorsprung gegenüber westeuropäischen Konkurrenten auch im währungspolitischen Bereich einen massiven Vorsprung verschafft.[42] Da der Dollar aber nicht lediglich eine Währung neben anderen, sondern Weltreservewährung ist, bedeutet jede Gefährdung des Dollar als Folge der hier entstandenen divergenten Interessen nicht nur eine Gefährdung der US-Währung, sondern des Weltwährungssystems insgesamt.

Die ökonomische Rolle des US-Kapitals in der Weltwirtschaft beeinträchtigt in ihrer Dollargestalt die technische Funktionsfähigkeit des internationalen Reservemediums Dollar: Technische Schwierigkeiten überhöhen sich als ökonomische Konflikte, die die weltwirtschaftliche Reproduktion des Monopolkapitals behindern und nationale Wirtschaftskrisen hervorrufen können.[43]

Die Schwierigkeiten des Leitwährungslandes

Während bisher von den Vorteilen der USA durch ihre Position als Leitwährungsland die Rede war, sollen jetzt einige Nachteile

---

[42] Daraus erklärt sich die Umtauschaktion Frankreichs im Frühjahr 1965, als die Banque de France ihre Dollarbestände in Gold konvertierte. Frankreich versuchte durch diese Maßnahme, die währungspolitische Begünstigung des US-Kapitals in Frankreich im Interesse des nationalen französischen Kapitals einzuschränken.

[43] Nur deshalb ist erklärlich, warum andere Staaten dem französischen Beispiel nicht gefolgt sind (mit Ausnahme der Schweiz, Belgiens und Hollands, die immer nach dem Zweiten Weltkrieg sehr hohe Goldreserven im Vergleich zu den Devisenbeständen gehalten haben). Trotz der Dollarkrisen, trotz abnehmenden »Vertrauens« in den Dollar als Reservewährung sind Konvertierungsaktionen ausgeblieben. Es ist den kapitalistischen Staaten und dem Monopolkapital klar, daß eine staatlich forcierte Spekulation gegen den Dollar zwar erfolgreich sein könnte und die Schwächung der USA als ökonomischer Weltmacht zum Ergebnis haben könnte, jedoch um den Preis einer Weltwährungs- und Wirtschaftskrise. Eine solche Strategie würde daher an bewußte Selbstdestruktion des Kapitals grenzen.

dieser Position aufgeführt werden. Die USA selbst haben auf der Konferenz von Bretton Woods für den Dollar-Gold-Standard optiert, ohne dabei abzusehen, daß dieser Währungsmechanismus außer den erwähnten Vorteilen für das amerikanische Kapital auch sehr handfeste Nachteile mit sich bringen kann. Denn da jedes Dollarreserven (oder Pfund Sterling) haltende Land durch die Konvertibilitätsbestimmung jederzeit in der Lage ist, Dollar (oder Pfund) den USA (oder Großbritannien) zur Einlösung in Gold zu präsentieren, schweben die Reservewährungen immer in der Gefahr, in einen Krisenstrudel hineingezogen zu werden. Jeder Run auf den Dollar, insbesondere aber auf das Pfund, das wegen der strukturellen Schwäche der britischen Wirtschaft nicht so leicht zu verteidigen ist, induziert Maßnahmen, um einen solchen »Run« zu verhindern. Nationalstaatliche wirtschaftspolitische Maßnahmen können daher nicht mehr autonom entsprechend den internen Regulierungsnotwendigkeiten vorgenommen werden, sondern jeweils nur noch in Abstimmung auf die währungspolitischen Erfordernisse. Die staatliche Regulierungspolitik zur Sicherung der Profitrate im nationalen Rahmen gerät in Konflikt mit der Regulierungsfunktion, die der Dollar als »Weltgeld« spielt. Dieser Widerspruch ist es auch, der einerseits die Ungleichzeitigkeit der Entwicklung prinzipiell bewirkt, da ein perfekter Ausgleich der Profitratenstruktur mit den US-amerikanischen Kapitalinteressen konfligiert, andererseits aber selbst Folge der aus der Ungleichzeitigkeit der Entwicklung resultierenden Ungleichmäßigkeit des Entwicklungsstandes ist. Die Zahlungsbilanzschwierigkeiten als Folge der Erzeugung zusätzlicher internationaler Liquidität induzieren die Forderung nach Beseitigung der Defizite, da sie infolge ihrer Auswirkung auf die »Sicherheit« der Reservewährung gleichzeitig das Währungssystem gefährden. Die Prinzipien der Verfügbarkeit und der Sicherheit der Reservewährungen, der Widerspruch zwischen der technischen und der ökonomischen Funktion des Dollar, entpuppen sich in ihrem Konflikt als währungspolitische Imperative, die »Spielregeln der Zahlungsbilanzpolitik besser einzuhalten«[44]. Daher rühren auch die Versuche der USA, ihr Zahlungsbilanzdefizit durch weitere Forcierung der Warenexporte abzubauen, und erst als das Defizit der Zahlungs-

[44] Geschäftsbericht der Deutschen Bundesbank für das Jahr 1967, S. 39.

bilanz dadurch nicht verringert werden konnte, drosselte schließlich die Johnson-Regierung auch die Kapitalexporte.[45]
In dem von Präsident Johnson am 1. Januar 1968 verkündeten neuen »Zahlungsbilanzprogramm« waren neben binnenwirtschaftlichen, vor allem monetären und steuerpolitischen Maßnahmen, auch Maßnahmen zur Beschränkung der amerikanischen Direktinvestitionen, insbesondere in Kontinentaleuropa vorgesehen, außerdem der Bankausleihungen an das Ausland, die Einschränkung der militärischen und der Regierungsausgaben im Ausland, die Förderung der Ausfuhr, stärkere Anreize für ausländische Kapitalanlagen in den USA und die Förderung des Ausländerreiseverkehrs in die USA. Nach den Vorstellungen der amerikanischen Regierung soll dieses Programm zu einer Verbesserung der amerikanischen Zahlungsbilanz in einer ungefähren Größenordnung von drei Mrd. Dollar pro Jahr führen.[46]
Die Politik der Exportbegünstigung und der Importbelastung durch diverse Maßnahmen, unter denen an vorrangiger Stelle die Instrumente der Abwertung, der Einkommenspolitik (um die Produktionskosten zu begrenzen), der Beschneidung des privaten Verbrauchs, um den inneren Markt zu begrenzen und den »nötigen Spielraum« für Exporte zu schaffen und dergleichen mehr zu nennen sind, überwälzt die Kosten der Beseitigung von Zahlungsbilanzdefiziten – in Großbritannien besonders deutlich, in Frankreich nach der Krise des Franc vom November 1968 ebenfalls praktiziert – auf die arbeitende Klasse.[47]

---

[45] Je größer die Kapitalexporte eines Landes, desto wichtiger wird dessen Währung für die Weltwirtschaft. Ein Defizit der Zahlungsbilanz, das dagegen durch permanente Handelsbilanzdefizite zustandekommt, kann eher den umgekehrten Prozeß bewirken: die Währung wird als internationales Zahlungsmittel immer untauglicher.

[46] Vgl. den Geschäftsbericht der Deutschen Bundesbank für das Jahr 1967, S. 39 f. Allerdings wurde die Zielgröße von 3 Mrd. Dollar Überschuß nicht erreicht. Im ersten Quartal 1969 erreichte das Zahlungsbilanzdefizit der USA mit 1,78 Mrd. Dollar den höchsten Passivsaldo seit 1950. Die Gründe dafür liegen einmal im Streik der US-Hafenarbeiter und zum anderen in der internationalen Spekulation gegen den Dollar, die bereits realisiert hat, daß »Vertrauen« in den Dollar und in die US-Politik aufgrund der realen Situation des Dollars handfeste Geschäfte verhindern könnte.

[47] In allen kapitalistischen Ländern mit Währungsproblemen ist versucht worden, die Begrenzung des inneren Marktes für Exportsteigerungen durch einkommenspolitische Maßnahmen durchzuführen. Das gilt sowohl für Defizitländer wie Großbritannien und die USA (die derzeit gerade die Anwendung expliziter Einkommenspolitik vorbereiten), als auch für Überschußländer wie die BRD. Bei den Defizitländern hat Begrenzung der Arbeitsein-

Hier wird ein für die Regulierungsversuche im Monopolkapitalismus besonders wichtiger Zusammenhang sichtbar. Zwar wird von den Neokeynesianern vorgegeben, mittlerweile das »moderne wirtschaftspolitische Instrumentarium« entwickelt zu haben, um die Volkswirtschaft im Rahmen von Stabilität und Wachstum zu regulieren, aber nationalstaatliche Stabilisierungsversuche haben auch einen Zahlungsbilanzeffekt. Dieser Zahlungsbilanzeffekt soll gerade antizyklisch die nationalstaatliche ökonomische Entwicklung auf einen »Gleichgewichtspfad«, der auch »außenwirtschaftliches Gleichgewicht« beinhaltet, zurückbringen. Im gegenwärtigen Weltwährungssystem werden aber gerade nationalstaatliche Krisen durch die Regulierungspolitik externalisiert, wie es in der »Stabilitäts- und Wachstumspolitik« der großen Koalition in Westdeutschland exemplarisch deutlich wird. Diese nationalstaatlichen Bemühungen verschärfen, wie die währungspolitischen Rückwirkungen zeigen, die Ungleichgewichte in der Weltwirtschaft. Die Begrenzung der Lohnentwicklung durch die »konzertierte Aktion«, die Begrenzung also der internen Konsumtionskraft und das gleichzeitige Anhalten der Weltkonjunktur, ermöglichte es dem westdeutschen Kapital, seine Exporte stark zu steigern und andere Länder, nämlich England und Frankreich, in zusätzliche Zahlungsbilanzschwierigkeiten zu bringen. Die externalisierte Wirtschaftsrezession wirkt als Währungskrise aber in die westdeutsche Wirtschaft zurück. Die neokeynesianische Annahme von der Möglichkeit stabilen und stetigen Wachstums bricht sich an den durch diese Politik verursachten Währungsschwierigkeiten. Auch hier wieder zeigt sich, daß Währungskrisen keine technischen Fehler im institutionellen System darstellen, sondern lediglich der *spezifische Ausdruck der permanenten Krise des Kapitalismus innerhalb des gegenwärtigen institutionellen Systems sind.* Kapitalistische Krisen werden im Produktionsbereich, d. h. im Verwertungsprozeß des Kapitals ausgelöst, im internationalen Währungssystem werden sie derzeit virulent und haben entsprechende Rückwirkungen in den nationalen Kapitalismen.

---

kommen vor allem den Sinn, die Löhne als Kostenfaktoren zu begrenzen, um auf dem Weltmarkt konkurrenzfähig zu bleiben. In den Überschußländern hat Einkommenspolitik den Sinn, die Löhne als Nachfragefaktoren zu begrenzen, um die Preisentwicklung zu beschränken. In jedem Fall werden die Konsequenzen von »Zahlungsbilanzungleichgewichten« auf die arbeitende Klasse abgewälzt, um dem Kapital freie Hand im weltweiten Konkurrenzkampf zu verschaffen.

Das Währungssystem ist nicht nur ein technischer Mechanismus, bestehend aus einer Vielzahl von Institutionen, für die es Regeln des Zusammenspiels gibt, sondern eine ökonomische Einrichtung, die historisch bedingt ist und in der bestimmte Interessen zum Zuge kommen. Es mußte also gezeigt werden, warum in der Weltwirtschaft nach dem Zweiten Weltkrieg das System von Bretton Woods und kein anderes Währungssystem eingerichtet worden ist. Denn nur so ist schließlich zu begreifen, warum Reformvorschläge des Weltwährungssystems (die im vierten Kapitel kurz diskutiert werden) zurückgewiesen oder akzeptiert werden. Der grundsätzliche Widerspruch des Systems von Bretton Woods besteht darin, daß nationale Währungen (hauptsächlich US-Dollar) als internationale Reservemedien fungieren, so daß das Weltbild unmittelbar von der US-Politik abhängig ist. Da die US-Politik bestimmten Interessen unterliegt, denen die Interessen der Konkurrenzländer konträr entgegenstehen können, ist das Weltgeld unmittelbar in die nationalstaatlichen Interessenwidersprüche verwickelt. Es ist gezeigt worden, daß die Notwendigkeit der Schaffung von Weltgeld, d. h. der wachsenden Verfügbarkeit des Dollar, mit dem Postulat der Sicherheit von Reservemedien kollidiert und die Art und Weise, in der die USA Dollar als Weltgeld exportieren, ihren imperialistischen Interessen dient: durch militärische und wirtschaftliche Auslandshilfe, durch privaten Kapitalexport. Die ökonomisch-politischen Interessen der USA stören die technische Funktionsfähigkeit der Weltliquiditätsreserven, so daß von den am störungsfreien Funktionieren des Währungssystems interessierten Staaten vom Leitwährungsland Maßnahmen zur Behebung der Störungen verlangt werden. Diese Maßnahmen, die von den USA eingeleitet, von Großbritannien als sekundärem Leitwährungsland ebenfalls durchgeführt worden sind, laufen darauf hinaus, die Lasten den lohnabhängigen Massen durch Beschneidung der Massenkaufkraft aufzuerlegen. Die spezifische Funktionsweise und die Interessenstruktur des Weltwährungssystems können den Arbeitern somit nicht gleichgültig sein. Die »Fehlfunktionen« des Währungssystems aufgrund der besonderen Rolle des Dollar haben zu Reformvorschlägen geführt, in denen eine Neuregelung der Weltliquiditätsreserven vorgesehen ist. Um aber die Reformvorschläge, die eine Neuregelung der Wechselkurse vorsehen, begreifen zu können, muß konkret auf die kapitalistische Konkurrenz auf dem Weltmarkt und die Rolle der Wechselkurse eingegangen werden. Das soll im folgenden Kapitel geschehen.

Die westdeutsche Politik und die Krise der europäischen Währungen

Die Bedeutungsunterschiede der Währungen innerhalb der gegenwärtigen Weltwährungsordnung durch die Abstufung in Reservewährungen und Nicht-Reservewährungen, d. h. de facto: in Dollar und alle übrigen Währungen der Welt, hat für die Währungskrisen große Bedeutung. Denn es ist nicht gleichgültig, ob von einer Währungskrise der Dollar oder »nur« andere Währungen betroffen sind; es besteht ein wesentlicher Unterschied zwischen einer Krise des Weltgeldes Dollar und einer Krise anderer nationaler Währungen, die nicht Weltgeld sind. Im einen Fall ist ein Pfeiler des Währungssystems direkt betroffen; im anderen Fall sind es nur nationalstaatliche Währungen. Das Weltwährungssystem wirkt nicht wie ein neutrales System gleichartiger kommunizierender Röhren, durch die der Welthandels- und Kapitalverkehr vermittelt wird; vielmehr sind einige Währungen – de facto nur noch der Dollar – selbst Röhren, durch die kommuniziert wird und deren Krisen unmittelbar zu Engpässen des internationalen Handels- und Kapitalverkehrs werden können.

Der internationale Handel und die Ungleichzeitigkeit der Entwicklung haben jedoch auch unter den Nicht-Reservewährungen zu Hierarchisierungen geführt, so daß über den Zusammenhang, den die internationale Spekulation herstellt, auch Krisen von Nicht-Reservewährungen zu ernsten Gefahren für das gesamte Währungssystem im allgemeinen und speziell für den Dollar sich ausweiten können. Dies trifft insbesondere auf die Währungen der westeuropäischen Länder zu, deren Krisen als Ausdrucksform des Konkurrenzkampfes der europäischen Staaten untereinander und Westeuropas mit den USA und Japan begriffen werden könne. Die jüngsten Krisen vom November 1968 und vom Mai 1969 zeigen, daß hier ein neues Krisenmoment im Weltwährungssystem entstanden ist.

Während die Krisen von 1960, 1964 und 1967 noch im wesentlichen Dollar- und Pfundkrisen waren und die Spekulation als Fluchtpunkt das Gold wählte[1], waren die Krisen vom November 1968 und vom Mai 1969 Krisen der europäischen Währungen, insbesondere des Franc und des Pfund Sterling. Die Spekulation wählte als Fluchtpunkt jetzt nicht mehr vorwiegend das Gold, sondern die DM. Natürlich lassen sich diese Unterscheidungen nicht als scharfe Trennung formulieren, da jede Währungskrise mit einer Goldspekulation einhergeht, von der der Dollar unmittelbar betroffen wird; aber dennoch wird in dieser Situation die neue historische Dimension des weltweiten Konkurrenzkampfes der nationalen Kapitale deutlich.
Die Diskussion um die Beseitigung der Ursachen der Währungskrisen dreht sich daher auch nicht mehr – wie bei den Krisen der Leitwährungsländer – vorwiegend um Ausmaß, Verteilung, Umlaufgeschwindigkeit und Zusammensetzung der internationalen Liquidität, sondern vorwiegend um die Bedeutung der Wechselkurse, der nationalen Wirtschaftspolitik und internationaler koordinativer Maßnahmen zur Vermeidung von Währungskrisen. Da in dieser Diskussion – als Reflex ihrer tatsächlichen Bedeutung – die Rolle der DM und der westdeutschen Politik entscheidenden Stellenwert hat, soll nun die Rolle Westdeutschlands, die westdeutsche Politik und deren Auswirkungen auf das Währungssystem analysiert werden.

Die Exportabhängigkeit der westdeutschen Wirtschaft

Das Volumen der westdeutschen Exporte stieg von 8,4 Mrd. DM im Jahre 1950 auf 99,6 Mrd. DM im Jahre 1968, also um über 1000 Prozent. Da das Welthandelsvolumen insgesamt aber »nur« um etwa 330 Prozent im Zeitraum von 1950 bis 1967 stieg, war mit der westdeutschen Exportexpansion auch eine Er-

[1] Die Krisen des Dollar von 1960, 1965 und vom März 1968 waren jeweils mit Goldspekulationen verbunden in der Erwartung, daß durch eine Dollarabwertung, d. h. automatisch eine Goldaufwertung, Spekulationsgewinne gemacht werden könnten. Die offizielle Dollarparität zum Gold von 35 Dollar je Troyunze Gold wurde in allen Spekulationskrisen verschoben. In der ersten Dollar-Goldkrise nach der Herstellung der Währungskonvertibilität in den europäischen Ländern stieg der Goldpreis zeitweise bis auf 41 Dollar.

höhung des Anteils der westdeutschen Ausfuhr am gesamten Weltexport verbunden.[2] Diese Steigerungsrate der westdeutschen Exporte war nur möglich, indem der Anteil der Produktion für den Export permanent ausgeweitet wurde. Aus folgender Tabelle geht hervor, wie stark in einigen Branchen der Anteil der Auslandsumsätze seit 1950 gestiegen ist:

Tabelle 14
Die Exportquoten einiger Industriezweige 1950, 1958, 1966 und 1967

Industriegruppe	Anteil des Auslandsumsatzes am Gesamtumsatz in vH			
	1950	1958	1966	1967
Straßenfahrzeugbau	11,5	36,3	37,6	40,7
Maschinenbau	20,3	30,2	33,8	38,0
Feinmechanische und optische Industrie	26,5	36,1	33,9	36,0
Schiffbau	20,0	52,9	39,1	31,5
Eisenschaffende Industrie	16,4	17,8	24,0	30,3
Chemische Industrie	12,3	22,5	27,3	29,0
Feinkeramische Industrie	14,9	19,3	28,7	31,0
NE-Metallindustrie	11,4[1]	14,9	24,1	24,4
Kohlenbergbau	27,3	20,8	21,8	22,7
Industrie insgesamt	8,3	15,1	17,1	18,7

[1] 1955
Quelle: WWI-Mitteilungen 1959, S. 90; Statistisches Jahrbuch 1968, S. 209.

Die in der Tabelle aufgeführten Industriezweige sind besonders exportintensiv; sie vereinen auf sich 68,5 v. H. des gesamten Auslandsumsatzes der Industrie, aber nur 39 v. H. des industriellen Gesamtumsatzes. Es wird hier aber deutlich, daß erstens der Anteil des Auslandsumsatzes seit 1950 sehr stark gestiegen ist und daß zweitens insbesondere durch die Rezession des Jahres 1966/67 eine starke Steigerung der Exportquote bewirkt wor-

[2] Die wichtigsten Industrieländer der kapitalistischen Welt hielten 1966 folgende Anteile an der Weltausfuhr: USA 16,54 v. H., Japan 5,38 v. H., BRD 11,15 v. H., Frankreich 6,03 v. H., England 7,82 v. H., Italien 4,45 v. H. Ganz Afrika vereinte demgegenüber auf sich nur einen Anteil von 5,58 v. H. Statistisches Jahrbuch, 1968, S. 7* f.

den ist. Während die Exportquote von 1958 bis 1966 im Durchschnitt der gesamten Industrie nur um 2,0 v. H. stieg, erhöhte sich die Quote allein von 1966 auf 1967 um 1,6 v. H. und im Jahre 1968 dürfte sich dieser Trend fortgesetzt haben.
Dabei wiederum ist die Exportquote der großen Konzerne relativ am größten, wie folgende Tabelle zeigt:

Tabelle 15
Auslandsgeschäft großer deutscher Unternehmen 1968, in Mrd. DM

	Gesamtumsatz	Inland	Export	ausländ. Tochtergesellsch.
Krupp	4,9	3,2	1,5	0,2
BASF	5,6	2,7	2,3	0,6
AEG-Telefunken	5,7	4,0	1,2	0,5
Daimler-Benz	7,1	3,7	3,4	1,0
Bayer	7,7	2,9	3,1	1,7
Hoechst	8,0	3,9	2,9	1,2
Siemens	8,7	5,1	2,0	1,6
VW	11,6	2,8	6,7	2,1

Quelle: nach Der Volkswirt, 16. Mai 1969, S. 53.

Diese acht größten westdeutschen Konzerne vereinen allein über 20 v. H. der westdeutschen Ausfuhr auf sich. Mit einer Exportquote (Exportumsatz bezogen auf den Gesamtumsatz) von im Durchschnitt (ungewogen) 37,2 v. H. liegen sie weit über dem Niveau der übrigen Industrie. Diese Zahlen vermitteln einen Eindruck von der Abhängigkeit gerade der großen Konzerne vom äußeren Markt. Ihre Produktion ist so groß, daß der innere Markt allein sie gar nicht mehr aufzunehmen vermag und die Konzerne gezwungen sind, zur Realisierung ihrer Profite, also zur Verwertung des Kapitals, auf den Weltmarkt zu drängen.[3]

[3] Die Strategie der großen Konzerne macht derzeit aber eine Wandlung dahingehend durch, daß nicht mehr vorwiegend von westdeutschen Produktionsstätten ins Ausland exportiert werden soll, sondern mehr und mehr die Produktionsstätten selbst ins Ausland verlegt werden. So will etwa die Daimler-Benz AG »gewisse Produktionen für den Konzern (etwa Ersatzteile für ausgelaufene Typen) ganz einzelnen Auslandwerken übertragen . . .« (Süddeutsche Zeitung, 13. Juni 1969), und die Bosch-AG mit 3,7 Mrd. DM Netto-Umsatz und einem Exportanteil von 40 v. H., will ein »multinationales Unternehmen werden, das auf vielen nationalen Märkten Produktionsstätten errichtet hat«. (Frankfurter Allgemeine Zeitung 10. 6. 1969).

Diese hohen Exportquoten in einzelnen Industriezweigen und Konzernen haben zur Folge, daß auch gesamtwirtschaftlich die westdeutsche Ökonomie von einer Expansion auf dem Weltmarkt hochgradig abhängig ist. Diese Abhängigkeit wird auch dadurch belegt, daß die zyklischen Rezessionen in Westdeutschland bisher vor allem durch Exportoffensiven überwunden werden konnten. Die Steigerung der Ausfuhr war immer das Ventil für die westdeutsche Industrie, wenn der innere Markt sich verengte. Die überdurchschnittlichen Zuwachsraten der Exporte in den Jahren 1951 (65,5v. H.), 1954 (21,3 v. H.), 1955 bis 1957 (19,0; 20,5; 19,0 v. H.), 1959 (11,8 v. H.), 1964 (11,8 v. H.), 1968 (ca. 14–15 v. H.) waren jeweils die Anstöße für konjunkturelle Aufschwungphasen.[4] Gegenüber den Konjunkturzyklen der 50er Jahre jedoch zeigt sich in der Rezession 1966/67 ein wesentlicher und bezeichnender Unterschied: Während die Steigerungen der Ausfuhr in den bisherigen Zyklen (1951–1954; 1955–1958; 1959–1963; 1964–1966) mit ebenfalls sehr schnell steigenden Importen verbunden gewesen waren (eine Ausnahme bildet das Jahr 1958, in dem die Importe leicht unter den Stand von 1957 absinken), beruhen die Außenhandelsüberschüsse seit 1966 auf der Tatsache, daß zwar die Exporte sehr stark expandieren, die Importe jedoch stagnieren. (Vgl. die Tabelle 16 auf der gegenüberliegenden Seite.)

Wie kommt aber dieser wechselseitige Zusammenhang zwischen innerem und äußerem Markt zustande? Wie kommt es, daß im Konjunkturverlauf die Anstöße für einen neuen Aufschwung in der BRD regelmäßig von einer relativen Expansion auf dem Exportsektor ausgehen? Der Mechanismus, der die wechselseitige Abhängigkeit von innerem und äußerem Markt herstellt, kann im Konjunkturverlauf wie folgt beschrieben werden:

1. Die im zyklischen Aufschwung produzierten Kapazitäten stoßen in dem Maße, wie sie zu produzieren anfangen, auf die

---

[4] Vgl. dazu Tabelle 4, S. 16 des Jahresgutachtens des Sachverständigenrates zur Begutachtung der Gesamtwirtschaftlichen Entwicklung, (künftig zitiert als JG), Stuttgart-Mainz 1966, aus der eindeutig hervorgeht, daß der Anteil der Ausfuhr an der »letzten Verwendung von Waren und Dienstleistungen« am Beginn neuer Aufschwungphasen relativ hoch im Vergleich zu den Anteilen von Investitionen und privater Konsumtion war und in den folgenden Perioden erst der Anteil der Investitionen, dann der Anteil des privaten Konsums steigt. Vgl. auch zur Bedeutung der westdeutschen Exporte für die Konjunkturentwicklung Gerd Elvers, Die westdeutsche Konjunkturentwicklung, in: neue kritik, Februar 1967, S. 28 ff.

Tabelle 16
Außenhandel (Spezialhandel) der BRD, absolute Werte in Mrd. DM

	Ausfuhr	Einfuhr	Ausfuhr-Überschuß
1950	8,4	11,4	—3,0
1951	14,6	14,7	—0,1
1952	16,9	16,2	0,7
1953	18,5	16,0	2,5
1954	22,0	19,3	2,7
1955	25,7	24,5	1,2
1956	30,9	28,0	2,9
1957	36,0	31,7	4,3
1958	37,0	31,1	6,9
1959	41,2	35,8	5,4
1960	47,9	42,7	5,2
1961	51,0	44,4	6,6
1962	53,0	49,5	3,5
1963	58,3	52,3	6,0
1964	64,9	58,8	6,1
1965	71,7	70,4	1,3
1966	80,6	72,7	7,9
1967	87,0	70,2	16,8
1968[1]	70,8	58,9	12,1

[1] 1968 nur die ersten drei Vierteljahre
Quelle: JG 68/69, S. 156.

Grenzen der mit dem Wachstum des Produktionspotentials nicht mithaltenden inländischen Konsumtionskraft.[5] Denn das Kapital ist nicht in der Lage, für die gesellschaftlichen Bedürfnisse zu produzieren, da es immer an die Verwertung gebunden ist, d. h. an die Notwendigkeit, Profite zu erzielen. Die mit dem zyklischen Aufschwung gleichfalls steigenden Preise ermöglichen über die Erhöhung der Importneigung steigende Importe, die infolge steigender Inlandspreise auch mit inländischen Warenproduzenten zu konkurrieren vermögen. Dadurch wird der innere Markt relativ zu den Produktionskapazitäten verengt und infolge steigender Inlandspreise auch mit inländischen Warenproduzenten zu konkurrieren vermögen. Dadurch wird der innere Markt re-

[5] Vgl. zur Krisentheorie Eugen Varga, a.a.O., S. 198 ff.

lativ zu den Produktionskapazitäten verengt und infolge steigender Preise wird die Konkurrenzfähigkeit auch auf dem äußeren Markt reduziert. Es wird eine relative Überproduktion hervorgerufen, die sich auf die tatsächlichen Profite und auf die Profiterwartungen negativ auswirkt.

2. Die Zuwachsraten der Investitionen gehen nun zurück und leiten zuerst in der Produktionsmittel erzeugenden Industrie, dann aber in allen anderen Bereichen die Abschwungphase ein. Der verengte innere Markt, die verringerte Kapazitätsauslastung bei gleichbleibenden fixen Kosten zwingen die Industrie zu Exportanstrengungen, auch wenn das Kosten- und Preisgefälle auf dem Weltmarkt keinen eindeutigen Konkurrenzvorteil für westdeutsche Exporteure impliziert. Der permanent expandierende Weltmarkt der Nachkriegszeit hat jede Exportoffensive Westdeutschlands bisher erfolgreich verlaufen lassen.

3. Die Verknüpfung zwischen exportierender Industrie und Zulieferern bewirkt dort einen Lagerabbau, eine Zunahme der Kapazitätsauslastung, eine allgemeine Erhöhung der Investitionsneigung, da die Profiterwartungen wieder steigen, und wegen der einströmenden Devisenerlöse als Folge der steigenden Exporte auch eine Verbesserung der finanziellen Investitionsmöglichkeiten. Es folgt die Absorption des zusätzlichen Potentials in erhöhtem Maße für die Produktion des inneren Marktes.

4. Die Lohnentwicklung folgt dieser Bewegung in zwei Schritten: Im Aufschwung steigende Löhne bedeuten einerseits erhöhte Konsumtionskraft, andererseits aber für den einzelnen Kapitalisten steigende Kosten, die auf die Profitrate drücken. Im Abschwung und in der ersten Aufschwungphase sich relativ verringernde Löhne (bezogen auf die Produkteinheit) bedeuten Kostensenkung, so daß die Exportpreise in der ersten Zyklusphase nicht nach oben getrieben werden. Erst mit einer zeitlichen Verzögerung steigen die Löhne in Folge von Lohnforderungen, die wiederum Folge der Exportexpansion und der aus diesem Grunde steigenden Warenpreise im Inland und der gleichfalls steigenden Profite sind.

Die allgemein sich verstärkende »außenwirtschaftliche Verflechtung«, gemessen als Anteil der Importe am Bruttosozialprodukt[6], hat dazu geführt, daß den zyklischen Exportexpansionen

[6] Von der realen Seite aus betrachtet sind Importe Faktorinputs, also Faktoren, die zur Erstellung des Sozialprodukts realiter benötigt werden. Daher

Westdeutschlands bisher keine Hemmnisse im Wege standen und überdies im Konjunkturverlauf auch Westdeutschland seine Importe stets stark ausweitete, so daß der internationale Konkurrenzkampf auf expandierendem Markt nicht in voller Schärfe geführt wurde. Die in der jüngsten Rezession erst stagnierenden und dann nur geringfügig (im Vergleich zu den Exporten) steigenden Importe haben aber für die internationale Konkurrenz zur Folge, daß die jüngste Exportoffensive[7] des westdeutschen Kapitals in erhöhtem Maße auf Kosten der ausländischen kapitalistischen Konkurrenz gegangen ist. Wenn man die Veränderungen der Ausfuhr und Einfuhr im Zeitraum 1966 und 1967 addiert, so zeigt es sich, daß die BRD in die übrigen EWG-Länder um 2,7 Mrd. DM, in die EFTA-Länder um 1,3 Mrd. DM, in die USA um 1,2 Mrd. DM von 1966 auf 1967 mehr exportiert und weniger importiert hat. Ein ähnlicher Prozeß, wenn auch von weniger dramatischen Ausmaßen, ist nur 1958 zu verzeichnen.

Die Konsequenz sind hohe Exportüberschüsse der BRD[8], denen in den Partnerländern Westdeutschlands notwendigerweise Handelsbilanzdefizite gegenüberstehen müssen, wie Tabelle 17 auf der folgenden Seite zeigt.

---

läßt sich die außenwirtschaftliche Verflechtung am sinnvollsten an Hand der Importquote messen.

Land	Anteil der Importe am Bruttosozialprodukt (vH)	
	1955	1965
Niederlande	47,1	44,9
Belgien	31,7	35,6
Großbritannien	26,9	22,9
Kanada	23,7	23,7
BRD	18,0	20,4
Frankreich	14,2	13,7
Italien	13,4	15,0
Japan	11,1	10,1
USA	4,5	4,7

Quelle: Herbert Weise, Die internationalen Zahlungsprobleme in einer veränderten Weltwirtschaft, in: Beihefte der Konjunkturpolitik, Heft 14, 1967, S. 16.

[7] Wenn von »Exportoffensive« die Rede ist, so nur in dem Sinne, daß gemeinsame Interessen zu gleichem Verhalten führen und als aggregierte individuelle Aktivitäten den Charakter einer »Offensive« annehmen.

[8] Der Ausfuhrüberschuß betrug 1966: 7,95 Mrd. DM; 1967: 16,86 Mrd. DM; 1968: 18,37 Mrd. DM; in den ersten drei Monaten 1969 bereits 2,77 Mrd. DM. Nach: Monatsberichte der Deutschen Bundesbank, Mai 1969, S. 63*.

Tabelle 17
Zahlungsbilanzsalden wichtiger Welthandelsländer in Mrd. US-Dollar

Jahr	USA	Großbr.	BRD	Frankr.	Ital.	Benelux	EWG
			Handelsbilanz				
1965	4,8	—0,8	0,3	0,6	0,7	—0,4	1,2
1966	3,4	—0,3	2,0	0,1	0,4	—0,8	1,7
1967	3,5	—1,7	4,2	0,2	0,1	—0,4	4,2
1968	0,6	—2,0	4,0	—0,1	1,0	—	—
			Bilanz der laufenden Posten				
1965	4,1	—0,3	—1,6	0,8	2,2	0,2	1,6
1966	2,2	0,0	0,1	0,2	2,2	—0,3	2,1
1967	1,7	—1,0	2,4	0,0	1,7	0,1	4,2
1968	—0,5	—1,3	2,5	—0,6	2,5	—	—
			Langfristiger Kapitalverkehr				
1965	—6,1	—0,7	0,2	0,1	—0,1	0,0	0,2
1966	—4,0	—0,4	—0,6	0,0	—1,0	—0,1	—1,6
1967	—5,3	—0,4	—0,8	0,1	—1,0	—0,1	—1,8
			Devisenbilanz				
1965	—1,3	—0,5	—0,4	0,7	1,0	0,2	1,5
1966	0,3	—1,5	0,3	0,4	0,3	0,1	1,0
1967	—3,4	—1,3	0,1	0,3	0,5	0,4	1,4

Quelle: JG 68/69, S. 29, Zahlen für 1968 Schätzungen des Sachverständigenrates.

Den rapide steigenden westdeutschen Exporten (das Schaubild auf Seite 89 vermittelt einen Eindruck davon) entsprechen Defizite in anderen Ländern, die zumindest von der westdeutschen Exportoffensive mitverursacht worden sind. Allein das französische Handelsbilanzdefizit beträgt nach einer Angabe des Ministers Guiscard d'Estaing gegenüber der BRD 1968 rund 3,1 Mrd. Franc. Rund 45 v. H. des französischen Gesamtdefizits im Warenverkehr mit dem Ausland entfallen daher auf die BRD. Noch 1966 hat das französische Defizit gegenüber der BRD nur 959 Mio. Franc betragen. (SZ, 14. 7. 1969)
Der Zwang zur Produktion für den Weltmarkt, da der innere Markt der europäischen Länder viel zu klein ist, um optimale Unternehmensgrößen zuzulassen[9], ist allerdings keine westdeutsche Besonderheit; er gilt für alle kapitalistischen Staaten glei-

[9] Optimale Unternehmensgrößen werden aufgrund technologischer, organisatorischer, finanzieller Kriterien unter dem Generalkriterium der langfristigen Profitmaximierung ermittelt. In der Automobilindustrie sind Unter-

chermaßen. Aus diesem Zwang ergibt sich die Ausweitung des Welthandels (vgl. dazu das erste Kapitel) und zugleich die Konkurrenz auf dem Weltmarkt zwischen den verschiedenen privaten Konzernen einerseits und den Nationalstaaten im Interesse des gesamten nationalen Kapitals andererseits. Welches sind daher die für Westdeutschland besonderen Faktoren, wenn Westdeutschlands Exportexpansion ungestümer verläuft als diejenige anderer Länder?

1. Ein Faktor für die Konkurrenzfähigkeit eines Landes im Weltmaßstab ist die Preis- und Kostenentwicklung. Vergleicht man die langfristige Entwicklung von Preisindex und Produktivität, so zeigt es sich, daß die BRD nicht außergewöhnlich günstig im Vergleich zu anderen Ländern abschneidet:

Tabelle 18
Inflationsraten und Produktivitätsfortschritte in der BRD und in wichtigen Partnerländern 1955–1965

Land	Preisindex des Bruttosozialprodukts	Preisindex der Lebenshaltung	Produktivität
BRD	3,6	2,7	4,4
Belgien	2,4	2,1	3,2
Italien	3,7	3,4	5,9
Großbritannien	3,1	3,1	2,4
USA	2,0	1,6	2,1
Mittelwert	3,0	2,7	3,5
Variationskoeffizient in v. H.	28,6	32,6	

Quelle: JG 67/68, S. 215.

Die Entwicklung des Preisindex des Bruttosozialprodukts liegt in der BRD über dem Durchschnitt der Vergleichsländer, die Inflationsrate der Lebenshaltungskosten ist gerade durchschnittlich hoch. Die Produktivitätsentwicklung liegt allerdings über dem Durchschnitt, so daß der produktivitätsbereinigte Preisin-

nehmen, die weniger als etwa 300 000 Einheiten pro Jahr produzieren, unteroptimal. Vgl. dazu Jürgensen/Berg, Konzentration und Wettbewerb im Gemeinsamen Markt – Das Beispiel der Automobilindustrie, Göttingen 1968.

dex gerade auf dem Mittelwert der Inflationsraten sich bewegt. Betrachtet man aber die kurzfristige Preis- und Kostenentwicklung seit 1964, so ergibt sich ein ganz anderes, nämlich rezessionsbedingtes Bild. Während die Ausfuhrpreise des konkurrierenden Auslands seit 1964 um über 7 v. H. gestiegen sind, liegen die Durchschnittswerte der Ausfuhr in der BRD 1968 kaum über dem Stand von 1964. An diesen Zahlen zeigt sich die relative Verbesserung der Position des westdeutschen warenexportierenden Kapitals gegenüber ausländischen Konkurrenten. Die Entwicklung der Verbraucherpreise ergibt ein ähnliches, wenn auch nicht derart ausgeprägtes Bild. Im Inland sind sie auf 110 Punkte gestiegen, wenn wir 1964 mit 100 ansetzen, im Ausland dagegen auf 112 Punkte. Bemerkenswert ist weiterhin, daß – wieder im gleichen Zeitraum – die Lohnkosten je Produkteinheit in der Industrie der BRD auf knapp über 104 Punkte, im Ausland dagegen auf 108 Punkte gestiegen sind. Wenn auch die Preisunterschiede auf längere Frist sicherlich wieder eingeebnet werden, so haben sie dennoch in den vergangenen Jahren seit 1966 zusammen mit den günstigen Lieferfristen westdeutscher Waren infolge der Rezession die Handelsströme nach Westdeutschland umgeleitet.

2. Der zweite Faktor, der für die hohen westdeutschen Exporte verantwortlich ist, liegt im Weltwährungssystem selbst begründet. Wegen der fixen Wechselkurse, wie sie in Bretton Woods beschlossen worden sind, kann sich der innere Wert einer Währung nicht mittels einer Kurskorrektur nach oben (Aufwertung) oder nach unten (Abwertung) auf den Außenwert der Währung übertragen. Ein Beispiel kann dieses Problem beleuchten: Der Dollar ist in der BRD 4 DM wert. Die Inlandskaufkraft eines Dollar beträgt jedoch nur etwa 2,50 DM. Wenn nun in Westdeutschland ein Paar Schuhe 25 DM kostet, dann kostet das gleiche Paar Schuhe in den USA 10 Dollar. Tauscht ein Amerikaner 10 Dollar in DM um, so erhält er dafür entsprechend dem offiziellen Kurs 40 DM, d. h. er kann sich für den Betrag, mit dem er in den USA gerade ein Paar Schuhe kaufen kann, in Westdeutschland beinahe zwei Paar Schuhe kaufen.[10] Natürlich ist dieses Beispiel fiktiv; aber es zeigt sehr deutlich, daß es im

[10] Die Commerzbank hat eine Statistik über »Verbrauchergeldparitäten« veröffentlicht, in der die Preisrelationen für den privaten Verbrauch ermittelt sind. Danach sind die Kaufkraftnachteile der DM in den USA mit 34,1 v. H. im November 1968 angesetzt.

Außenhandels-Gesamtübersicht

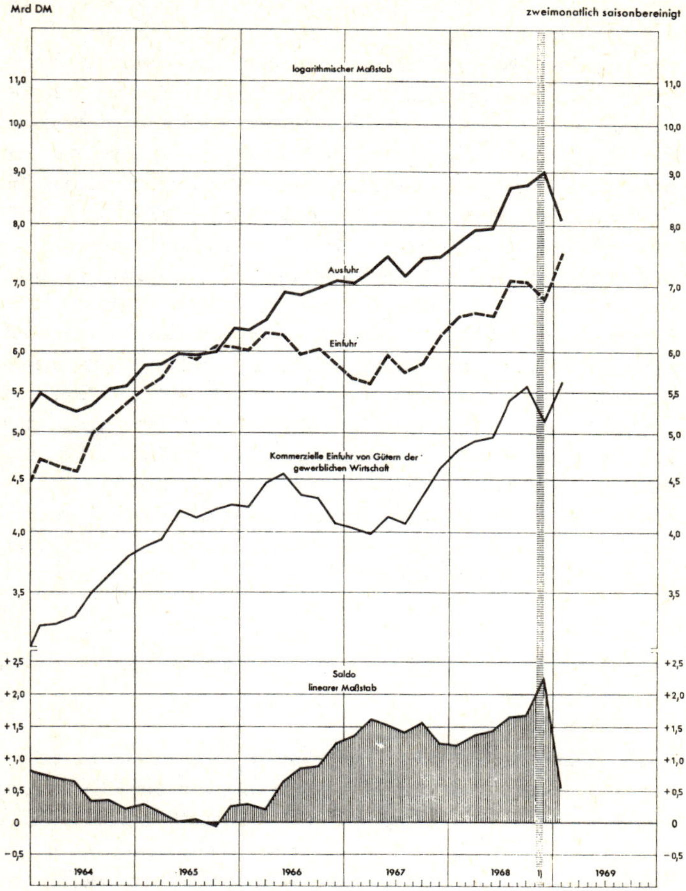

1 Beeinflußt durch die Maßnahmen der Bundesregierung zur außenwirtschaftlichen Absicherung (steuerliche Belastung der Warenausfuhr und Entlastung der Wareneinfuhr).

Quelle: Statistische Beihefte zu den Monatsberichten der Deutschen Bundesbank, Reihe 4, Nr. 5 Mai 1969, S. 16.

Falle der Unterbewertung einer Währung günstig ist, in dem Land mit unterbewerteter Währung zu kaufen. Aus der Sicht des Landes mit der unterbewerteten Währung bedeuten diese Käufe aber nichts anderes als Exporte. Es ist auch klar, daß bei unterbewerteter Währung zwar die Exporte angeregt werden, aber de facto bedeuten die Exporte nichts anderes als einen Transfer von Werten vom exportierenden zu den importierenden Ländern, d. h. eine Verschiebung in den durch die Arbeiter der einzelnen Nationalstaaten erzeugten nationalen Wertmassen[11] durch unentgeltliche Übertragung von Werten auf die Staaten mit überbewerteten Währungen. Natürlich sieht dieses Problem aus einzelkapitalistischer Sicht ganz anders aus. Exporte helfen den produzierten Mehrwert realisieren, so daß für das Kapital die Warenexporte und die Begünstigung der Warenexporte durch unterbewertete Währungsrelationen nur vorteilhaft sein kann. Genau dieses Verhältnis trifft heute auf die BRD zu: im Vergleich zu den Währungen anderer kapitalistischer Länder ist die DM unterbewertet, so daß hierdurch die Warenexporte Westdeutschlands mitverursacht werden.[12] Aus diesem Zusammenhang wird verständlich, warum die Diskussion über die Behebung der gegenwärtigen Währungskrise im wesentlichen um die Frage einer Wechselkurskorrektur der DM oder aller wichtigen Währungen kreist, um die *Kursrelationen* zu ändern. Die in den Liquiditätskrisen vorgeschlagene Goldaufwertung dagegen hätte die *Kursrelationen* der kapitalistischen Länder untereinander unangetastet gelassen.

Die Weltmarktposition Westdeutschlands und die internationale Konkurrenz

Die permanenten Exportüberschüsse der BRD in den vergangenen Jahren sind eine der Hauptursachen für die sogenannten »fundamentalen Ungleichgewichte« im Weltwährungssystem. Allerdings ist die günstige westdeutsche Weltmarktposition immer bedroht; denn einmal sind die Außenmärkte der BRD weniger als diejenigen anderer Konkurrenten (USA, Frankreich, England) als Folge einer langen, relativ ungebrochenen Außen-

---

[11] Aus diesem Grunde ist auch die Diskussion um Aufwertung und Nicht-Aufwertung mit nationalistischem Pathos versetzt. Wirtschaftsminister Schiller hat auf dem DGB-Kongreß in München unter Beifall ebenfalls die nationalistische Trommel gerührt, um für eine Aufwertung, d. h. für sein Wahl-Image, Stimmung zu machen.

[12] Während wir im ersten Kapitel die allgemeinen Ursachen des Welthandels zu eruieren versuchten, geht es hier darum, die besonderen Ursachen der erfolgreichen Exportoffensive Westdeutschlands herauszubekommen.

handelstradition (bedingt vor allem durch koloniale oder semikoloniale Abhängigkeiten) durch ein eigenes internationales Bankensystem, Vertriebs- und Servicenetz konsolidiert, und zum zweiten hat sich gezeigt, daß die kapitalistischen Konkurrenten in ihren Abwehrreaktionen gegen die ausländische Konkurrenz zu restriktiven Maßnahmen greifen, um ihren inneren Markt zu schützen und die Zahlungsbilanz einigermaßen im Gleichgewicht zu halten.

So haben die *USA* neben den Zollbeschränkungen (»selling-price-System«) in einigen Bereichen (z. B. Textilien) auch mengenmäßige Beschränkungen (Kontingente) in Erwägung gezogen.[13] *Großbritannien* hat im November 1967 das Pfund Sterling um 14,3 v. H. abgewertet, um die Exportchancen zu verbessern und die Importe zu erschweren. Gleichzeitig wurde versucht, »durch eine ausreichende Dämpfung der Binnennachfrage in Großbritannien (den) nötigen Spielraum für eine Erhöhung der Exporte und Zurückdrängung der Importe (zu schaffen)«.[14] Die Maßnahmen hierzu: Abschöpfung von Kaufkraft durch Erhöhung der indirekten Steuern, Kürzung der Staatsausgaben, Begrenzung der Lohnentwicklung durch Einkommenspolitik. *Frankreich* hat nach der Mai-Revolte und der Franc-Krise vom November 1968 und infolge der daraus resultierenden Verwertungsschwierigkeiten des französischen Kapitals ebenfalls zu »dirigistischen« Maßnahmen Zuflucht genommen, indem es Importbeschränkungen, Exportsubventionen und Devisenkontrollen einführte. Gleichzeitig wurde auch in Frankreich auf dem inneren Markt Kaufkraft abgeschöpft durch Reduzierung des Defizits im Staatshaushalt, Erhöhung der Verbrauchssteuern.

Solche Maßnahmen sind jedoch auf international integrierten Märkten, solange das Währungssystem intakt bleibt und scharfe

---

[13] In den USA wurden bis Mitte März dieses Jahres in der neuen Legislaturperiode 270 Anträge für Einfuhrkontingente eingereicht. Die vom Finanzministerium behandelten Anti-Dumping-Fälle stiegen 1968 auf über 30 an (normal: 15 bis 17 Fälle jährlich). Seit 1968 gibt es auch wieder die Ausfuhrausgleichszölle für einige Waren, die seit 1950 nicht mehr angewendet worden sind, nachdem sie 1930 in der Weltwirtschaftskrise beschlossen worden waren. Für einzelne Waren (Sardinenkonserven, Kugellager, Wollwaren, Stahl, einige Chemieprodukte) sind Einfuhrbeschränkungen beantragt oder schon eingeführt worden (Stahl). Die »Buy-American-Clausel« wurde von einigen Bundesstaaten der USA angewendet, um bei öffentlichen Aufträgen ausländische Bewerber auszuschalten. Nach Industriekurier, 15. April 1969.

[14] Geschäftsbericht der Deutschen Bundesbank für das Jahr 1967, S. 36 f.

Regierungskontrollen ausbleiben, nicht sehr wirksam, wie insbesondere die Pfund-Abwertung gezeigt hat. Die erwartete Exportoffensive Englands hat wegen der strukturellen Krise der britischen Wirtschaft[15] und wegen der regionalen Struktur der britischen Exporte[16] nicht stattgefunden. Die politischen Maßnahmen Frankreichs sind mit jeder Änderung der Politik prinzipiell gefährdet, und eine solche Änderung deutete sich in der Abstimmungsniederlage de Gaulles vom April 1969 bereits an. Überdies lassen sich jenseits aller Regierungskontrollen Möglichkeiten zu ihrer Umgehung finden, wenn nicht »Amtsräte der Bundesbank in die Kontore« der Industrie[17] geschickt, d. h. direkte staatliche Kontrollen in den Unternehmen selbst durchgeführt werden. Alle diese *kleinen* Maßnahme sind zwar geeignet, die Währungskonvertibilität schrittweise einzuschränken; sie sind aber nicht geeignet, die westdeutsche Exportoffensive zum

---

15 Die strukturelle Krise der britischen Industrie kommt etwa darin zum Ausdruck, daß England in den vergangenen Jahren das niedrigste Wachstum der Industrieproduktion unter allen hochentwickelten kapitalistischen Staaten aufgewiesen hat. Zwar ist daraus nicht unbedingt ein »Nachhinken« der britischen Industrie gegenüber der westeuropäischen und US-amerikanischen Industrie abzuleiten, wie Ernest Mandel, Die EWG und die Konkurrenz Europa-Amerika, Frankfurt/M. 1968, S. 51 ff. betont, da das Bild der britischen Industrie von Branche zu Branche sehr unterschiedlich ist. Aber aufgrund tradierter »Führungsstrukturen« (Vgl. dazu etwa den Bericht im »Spiegel«, 9. 6. 69), der gewerkschaftlichen Politik und der Rolle als Leitwährungsland, hinkt Großbritannien der Entwicklung »modernerer« kapitalistischer Industriestaaten nach. Die Versuche der Wilson-Regierung, die britische Wirtschaft zu »modernisieren«, sind aus diesem Zusammenhang zu verstehen. Es zeigt sich dabei sehr deutlich, daß »Modernität« im Kapitalismus mit der Wendung zum autoritären Staat, mit einer autoritär verordneten und erzwungenen Unterwerfung unter kapitalistische Sachzwänge einhergeht. Und es zeigt sich dabei außerdem, daß Großbritannien als Leitwährungsland in einen zirkulus vitiosus geraten ist: die Notwendigkeit, das Pfund als Reservewährung attraktiv zu gestalten, d. h. hohe Zinssätze zu gewährleisten, verteuerte das Leihkapital, so daß die Investitionsfähigkeit und -neigung der britischen Kapitalisten niedriger als in vergleichbaren Ländern ist. Die Rolle, die Großbritannien im Weltwährungssystem spielt, hat demnach die ökonomischen Schwierigkeiten mit hervorgerufen; die ökonomischen Schwierigkeiten andererseits schlagen sich als permanente Pfundkrise nieder. Großbritannien kann aus diesem Schneider nur herauskommen, indem es seine Zahlungsbilanz radikal durch Kontrolle des Kapitalverkehrs abschirmt, indem es also die Konvertibilität aufhebt.

16 Im Jahre 1965 gingen 65 v. H. der britischen Exporte in Länder, deren Import-Zuwachsraten sich seit 1958 unterdurchschnittlich entwickeln. Nach: Berichte des Deutschen Industrie-Instituts zur Wirtschaftspolitik; Die Zahlungsbilanzdefizite der Vereinigten Staaten und Großbritanniens und Weltwährungsprobleme, Jg. 1/1967, Nr. 5. Vgl. zur Struktur der britischen Absatzmärkte Ernest Mandel, a. a. O., S. 51.

17 Wirtschaftsminister Schiller in einem Interview mit der »Zeit«, 23. Mai 1969.

Stillstand zu bringen. Erst wenn diese kleinen Maßnahmen solche Dimensionen angenommen haben, daß das Weltwährungssystem insgesamt davon betroffen wird und Bilateralismus als Konsequenz erscheint, wird auch der gesamte Welthandel, also auch die westdeutsche Exportoffensive gestoppt. Eine solche Tendenz ist in all diesen Maßnahmen enthalten. Um virulent zu werden, müssen sich die internationalen Konkurrenzverhältnisse aber noch mehr als in den vergangenen Jahren verschärfen. Denn letztendlich liegt es heute nicht im Eigeninteresse der kapitalistischen Staaten, die westdeutschen Exporte dadurch zu bremsen, daß der gesamte Welthandel erschwert wird.

Eine weit ernster zu nehmende Gefährdung der westdeutschen Position auf dem Weltmarkt sind das US-amerikanische und, immer fühlbarer, das japanische Kapital. Die US-Konserze haben den Vorteil des größeren inneren Marktes, der sich sowohl finanziell als auch organisatorisch und technologisch als absoluter Vorteil der USA gegenüber allen anderen hochentwickelten kapitalistischen Staaten auswirkt und auch durch die zeitweise erfolgreiche Konkurrenz westeuropäischer Kapitale nicht aufgehoben werden kann. Die westdeutschen Konzerne brauchen einen relativ hohen Anteil der Produktion für den äußeren Markt, um die Vorteile des Großkonzerns genießen zu können. Darin liegt aber ihre ganze Schwäche: Ökonomische und politische Hindernisse gegenüber dem westdeutschen Warenexport müssen sich unmittelbar für das Größenwachstum der Konzerne negativ bemerkbar machen und daher die zukünftige Konkurrenzfähigkeit der westdeutschen Industrie beeinflussen, während die USA immer noch auf einen relativ großen inneren Markt ausweichen können. Zahlenmäßig lassen sich als Indizien dafür anführen, daß die USA mit einem Anteil von 16,4 v. H. an der gesamten Weltausfuhr im Jahre 1966 nur einen Anteil von 4 v. H. ihres zu Marktpreisen bewerteten Bruttosozialprodukts für Exporte aufzuwenden brauchten, während die BRD zur Erreichung ihres zweiten Platzes in der Weltausfuhr von 11,2 v. H. 1966 immerhin über 18 v. H. ihres Bruttosozialprodukts exportieren mußte.[18] Oder auf die Bevölkerungszahl umgerechnet, betrug die Ausfuhr in den USA im Jahre 1967 627 DM, in der BRD aber mit 1454 DM mehr als das Doppelte. In diesem

[18] Statistisches Jahrbuch für die Bundesrepublik Deutschland, 1968, S. 78 f., S. 148 f.

Zwang zum Export aber liegt die langfristig absolut ungünstigere Situation der BRD gegenüber den USA begründet.[19]
Die Ungleichzeitigkeit der Entwicklung im Weltmaßstab hat überdies einen neuen Konkurrenten entstehen lassen, nämlich Japan. Die japanische Automobilproduktion mit 4,1 Mio. Einheiten vor Westdeutschland (3,1 Mio. Einheiten) und nach den USA (10,8 Mio. Einheiten) auf dem zweiten Platz der Weltproduktion, drängt immer ungestümer auf die bisher von US-amerikanischen oder westeuropäischen Autoproduzenten beherrschten Automärkte. Die Automobilexporte Japans sind im Jahre 1968 um 69 v. H. gestiegen; der Marktanteil des VW in Australien ist beispielsweise seit der japanischen Exportoffensive von 10 v. H. auf 4 v. H. gesunken. Dabei ist zu berücksichtigen, daß der Exportanteil der japanischen Autoindustrie erst 15 v. H. beträgt und wie in Westdeutschland auf mindestens 40 v. H. gesteigert werden muß, um die Produktion absetzen zu können.[20]
In der Stahlindustrie ist »an die Stelle der amerikanischen Herausforderung für die deutsche Stahlindustrie die japanische getreten«, wie der Vorsitzende der Wirtschaftsvereinigung Eisen- und Stahlindustrie, Egon Overbeck, erklärte.[21] Die japanische Stahlindustrie, die 1969 ca. 79 Mio. t Stahl (BRD 1968: 41 Mio. t; USA 1968: 150 Mio. t; Sowjetunion ca. 100 Mio. t) produziert, drängt mit einer Exportquote von bisher erst 18 v. H. immer fühlbarer auf den Weltmarkt, zumal sie ihre Exporte in die USA »freiwillig« auf etwa 5,2 Mio. t Stahl begrenzt hat (die aber immer noch 41 v. H. der Gesamtimporte der USA an Stahl ausmachen). Die Konsequenz davon ist, daß die japanische Stahlindustrie versucht, in China, Südostasien, im mittleren Osten und in Lateinamerika die westeuropäischen Stahlexporteure zu verdrängen.[23] Da die Elektroindustrie, die optische und

---

[19] Vgl. zu diesem Komplex Ernest Mandel, Die EWG und die Konkurrenz Europa – Amerika, Frankfurt/M. 1968. Auch Servan-Schreiber, Die amerikanische Herausforderung, Stuttgart 1968.

[20] Nach Süddeutsche Zeitung, 21. April 1969. Der Autokonzern Toyota will seine Autoproduktion bis 1972 auf 2 Mio. Einheiten pro Jahr ausweiten (heute 1,2 Mio. pro Jahr).

[21] Süddeutsche Zeitung, 6. Juni 1969.

[22] Industriekurier, 9. Januar 1969.

[23] ebenda. Es heißt in dem Artikel, daß mit der »freiwilligen Selbstbeschränkung« für Stahllieferungen in die USA vermutlich der Kampf um die Importanteile auf dem US-Markt gemildert wird. »Das kann aber für die japanischen Stahlexporteure nur bedeuten, daß der Kampf um andere ausländische Absatzmärkte um so heftiger geführt wird . . .«

auch die Textilindustrie bereits seit Jahren den westeuropäischen Produzenten zu schaffen machen, scheint insbesondere Japan auf mittlere Sicht das Land zu sein, das derzeit am stärksten die westdeutsche Weltmarktposition streitig macht.

Vom Warenexport zum Kapitalexport

Den wachsenden Exportüberschüssen und dem damit verbundenen Zustrom ausländischer Devisen entspricht zum ersten Mal in der Geschichte der BRD ein bedeutender Kapitalexport Westdeutschlands. In seinem Jahresgutachten 1968/69 schreibt der Sachverständigenrat: »Die markanteste Veränderung in der

Tabelle 19
Langfristige Kapitalleistungen der BRD, privat und öffentlich, in Mio. DM

Jahr	insges.	privat (Kapitalexport: —)	öffentl.
1950	458	—	458
1951	—149	—	—149
1952	—586	—15	—571
1953	—1 645	—61	—1 584
1954	—518	—264	—254
1955	—381	—110	—271
1956	—455	134	—589
1957	—440	322	—762
1958	—1 457	—507	—950
1959	—5 660	—1 365	—4 295
1960	—99	1 140	—1 239
1961	—4 236	885	—5 121
1962	—336	937	—1 273
1963	1 612	2 993	—1 381
1964	—873	373	—1 246
1965	942	2 230	—1 288
1966	—4 113	—2 614	—1 499
1967	—4 834	—3 321	—1 513
1968	—11 348	—10 005	—1 343
1969 1. Vj.	—6 074	—5 881	—193

Quelle: JG 68/69, S. 137; Angabe für 1966 bis 1969, 1. Vj.: Monatsberichte der Deutschen Bundesbank, Mai 1969, S. 66, eigene Berechnung.

Zahlungsbilanz seit Anfang 1967 besteht in der Zunahme des privaten langfristigen Nettokapitalexports. Während in den Jahren 1960 bis 1966 noch jährlich netto etwa 1,5 Mrd. DM langfristiges Kapital importiert wurden, exportiert die Bundesrepublik seit Anfang 1967 von Vierteljahr zu Vierteljahr in zunehmendem Maße langfristiges Kapital.«[24] Wir gehen nun davon aus, daß es sich bei dieser bemerkenswerten Veränderung nicht nur um eine formale Reaktion auf die Devisenzuflüsse handelt, die durch Kapitalexport wieder außer Landes geschafft werden, sondern um eine bedeutsame Änderung in der Strategie des westdeutschen Kapitals, die für die Zukunft nicht ohne Folgen sein wird.[25]

Von den quantitativen Größenordnungen des westdeutschen Kapitalexports vermittelt Tabelle 19 auf Seite 95 einen Eindruck. Eine Aufgliederung der jüngsten westdeutschen Kapitalexporte zeigt, daß der größte Teil der Beträge in sogenannten Portfolioinvestitionen untergebracht worden ist und daß der Anteil der westdeutschen Direktinvestitionen[26] noch relativ gering ist, im Gegensatz zu den ausländischen Kapitalanlagen in der BRD, wie Tabelle 20 auf der gegenüberliegenden Seite zeigt.

Aber diese Tendenz wird sich wahrscheinlich umkehren, wenn die Strategie der Sicherung der westdeutschen Warenexporte durch die spezifische Art der Kapitalexporte beibehalten wird: »Viele deutsche Firmen scheinen, als der Rezessionsdruck zunahm, auch verstärkt Absatz- und Servicestationen im Ausland errichtet zu haben ... Insoweit hierdurch deutsche Anbieter beschleunigt auf den Auslandsmärkten Fuß faßten, hat sich die Wettbewerbsposition der westdeutschen Anbieter auch auf mitt-

---

[24] JG 68/69, Ziff. 86.

[25] Diese Vermutung wird dadurch bestätigt, daß die Exportoffensive Westdeutschlands langfristig nur abgesichert werden kann, wenn die exportierenden Unternehmen versuchen, ein »zweites Bein« (Industriekurier vom 9. April 1969) im Exportgeschäft auf den Boden zu bekommen: nämlich durch Gründungen von Tochtergesellschaften im Ausland.

[26] *Direktinvestitionen* sind langfristige Kapitalanlagen im Ausland zur Gründung, Erweiterung oder Übernahme bzw. zur maßgeblichen Beteiligung (mindestens 10 v. H. des Gesellschaftskapitals) an Unternehmen, zum Auf- und Neubau rechtlich unselbständiger Niederlassungen (Töchter), zum Erwerb von Gebäuden oder Grundstücken. *Portfolioinvestitionen* dagegen sind langfristige Kapitalanlagen in ausländischen festverzinslichen Wertpapieren (private und öffentliche Anleihen) und in ausländischen Aktien, soweit sie eine Beteiligung von weniger als 10 v. H. zulassen, sowie langfristige Bankforderungen an das Ausland.

Tabelle 20 Kapitalverkehr mit dem Ausland seit 1966 in Mio. DM

Position	1966	1967	1968	1968 1. Vj.	2. Vj.	3. Vj.	4 Vj.	1969 1 Vj. p)	Jan.	Febr.	März p)
Langfristiger Kapitalverkehr (ohne Sondertransaktionen)											
I. Privater Kapitalverkehr											
1. Gesamte deutsche Nettokapitalanlagen im Ausland (Zun.: —)	—2 614	—3 321	—11 785	—1 828	—2 717	—4 090	—3 150	—5 881	—1 545	—2 291	—2 045
Direktinvestitionen	—1 224	— 987	— 1 572	— 439	— 295	— 255	— 583	— 410	— 132	— 159	— 119
Aktien	— 623	— 454	— 1 310	— 358	— 204	— 207	— 541	— 278	— 114	— 87	— 77
Sonstige Kapitalanteile	— 527	— 407	— 221	— 78	— 86	— 30	— 27	— 105	— 40	— 45	— 20
Kredite und Darlehen	— 74	— 126	— 41	— 3	— 5	— 18	— 15	— 27	+ 22	— 27	— 22
Portfolioinvestitionen	— 819	—1 394	— 5 627	— 610	—1 707	—1 917	—1 393	—3 414	— 791	—1 389	—1 234
Aktien und Investmentzertifikate	— 269	— 924	— 1 524	— 254	— 292	— 322	— 656	—1 246	— 364	— 438	— 444
Festverzinsliche Wertpapiere	— 550	— 470	— 4 103	— 356	—1 415	—1 595	— 737	—2 168	— 427	— 951	— 790
Kredite und Darlehen	— 368	— 755	— 4 350	— 732	— 652	—1 855	—1 111	—1 956	— 574	— 716	— 666
Sonstige Kapitalbewegungen	— 203	— 185	— 236	— 47	— 63	— 63	— 63	— 101	— 48	— 27	— 26
2. Gesamte ausländische Nettokapitalanlagen in der Bundesrepublik (Zun.: +)	+4 384	+1 657	+ 1 780	+ 253	+ 218	+ 419	+ 890	+ 164	+ 47	+ 59	+ 58
Direktinvestitionen	+3 441	+2 795	+ 1 522	+ 393	+ 374	+ 339	+ 416	+ 168	+ 88	+ 34	+ 46
Aktien	+1 115	+ 534	+ 654	+ 178	+ 169	+ 103	+ 204	+ 71	+ 59	+ 10	+ 2
Sonstige Kapitalanteile[1]	+1 326	+1 544	+ 937	+ 182	+ 318	+ 156	+ 281	+ 166	+ 61	+ 32	+ 73
Kredite und Darlehen	+1 000	+ 717	— 69	+ 33	— 113	+ 80	— 69	— 69	— 32	— 8	— 29
Portfolioinvestitionen	— 336	— 619	+ 14	— 105	— 86	+ 236	— 31	— 48	— 28	+ 17	— 37
Aktien und Investmentzertifikate	— 208	+ 216	+ 165	— 106	+ 72	+ 221	— 22	+ 41	+ 16	+ 24	+ 1
Festverzinsliche Wertpapiere	— 128	— 835	— 151	+ 1	— 158	+ 15	— 9	— 89	— 44	— 7	— 38
Kredite und Darlehen	+1 400	— 391	+ 379	+ 33	— 49	— 137	+ 532	+ 94	+ 3	+ 16	+ 75
Sonstige Kapitalbewegungen	— 121	— 128	— 135	— 68	— 21	— 19	— 27	— 50	— 16	— 8	— 26
Saldo	+1 770	—1 664	—10 005	—1 575	—2 499	—3 761	—2 260	—5 717	—1 498	—2 232	—1 987
II. Öffentlicher Kapitalverkehr	—1 499	—1 513	— 1 343	— 161	— 250	— 370	— 562	— 193	— 134	— 21	— 38
darunter Finanzierungshilfen an Entwicklungsländer[2]	(—1 354)	(—1 445)	(— 1 484)	(— 299)	(— 205)	(— 436)	(— 544)	(—1 210)	(— 126)	(— 121)	(— 35)
Saldo des gesamten langfristigen Kapitalverkehrs	+ 271	—3 177	—11 348	—1 736	—2 749	—4 041	—2 822	—5 910	—1 632	—2 253	—2 025

* Zunahme von Forderungen und Abnahme von Verbindlichkeiten: —, Abnahme von Forderungen und Zunahme von Verbindlichkeiten: +. [1] Hauptsächlich GmbH-Anteile. — [2] »Bilaterale« Kredite sowie den Entwicklungsländern über Internationale Organisationen zufließende (multilaterale) Leistungen.

lere Sicht verbessert.«[27] Eine vom Hamburger Weltwirtschaftsarchiv vorgelegte Motivanalyse für private Direktinvestitionen in Entwicklungsländern zeigt, daß mit 82 v. H. die »Sicherung der Marktstellung« und mit 62 v. H. die »Erschließung neuer Märkte« die bedeutendsten Motivationen der Kapitalexporteure sind.[28] Portfolioinvestitionen sind aber weniger geeignet, dieser Zielsetzung zu genügen als Direktinvestitionen, so daß mit einer stärkeren Zunahme der westdeutschen Direktinvestitionen im Ausland zu rechnen ist. Portfolioinvestitionen sind noch zum Teil das unmittelbare Ergebnis der Rezession, in der in Westdeutschland das nicht zu akzeptablen Profiten unterzubringende Kapital in größerem Umfang ins Ausland transferiert worden ist.

Die großen Konzerne Westdeutschlands haben allerdings bereits heute – das geht aus den Firmenberichten eindeutig hervor – die Strategie der internationalen Konsolidierung durch Direktinvestitionen in ausländische Produktionsstätten oder Vertriebsorganisationen oder durch Beteiligungen an ausländischen Firmen zur Bildung »multinationaler Unternehmen« sich zueigen gemacht.[29] Die wechselseitige Bedingtheit von Waren- und Kapitalexporten wird vom Vorstandsvorsitzenden der Gutehoffnungshütte AG, gleichzeitig Präsident der Industrie- und Handelskammer Essen, Dr. von Menges, eindeutig herausgestellt. Nach seiner Auffassung ist nicht der deutsche Export zu hoch, sondern die ausländischen

---

27 JG 68/69, Ziff. 106.

28 Nach: Der Volkswirt, 16. Mai 1969. Der Industriekurier schreibt in einer Analyse der westdeutschen Kapitalexporte, insbesondere der Direktinvestitionen: »Entscheidend ist aber nicht ein zweites Bein für den Export, der praktisch schon keiner mehr ist, nämlich in die EWG. Entscheidend ist vielmehr die Stützung unseres Exports auf jenen Märkten, die gefährdet sind durch Restriktionen der betreffenden Länder, durch hohe Zollbarrieren, sowie durch die Konkurrenz der Abnehmerländer selbst wie auch dritter Länder (Japan), die auf diesen Märkten nicht wie in der EWG gegenüber der BRD relativ diskriminiert sind, sondern unter gleichen Bedingungen anbieten. Das sind alle Nicht-EWG-Märkte, insbesondere aber die USA und die Entwicklungsländer. Mit anderen Worten: Von den 14 Mrd. DM deutscher Direktinvestitionen sind nur etwa 10 Mrd. DM eine echte Stütze unseres Exports.« Industriekurier, 9. April 1969. Daher hat der BDI neuerdings die »Umschichtung der einseitigen Struktur der Kapitalausfuhr zugunsten der Direktinvestitionen« – so inhaltlich auch eine Überschrift im »Industriekurier« vom 19. 6. 1969 – gefordert.

29 Vgl. Norbert Jacob und Norbert Lehmann, Neue Kapitalexport-Offensive des westdeutschen Imperialismus, in: DWI-Berichte, Mai 1969, S. 4. Die Autoren haben eine Reihe von Zeitungsüberschriften zusammengestellt, in denen auf die neue Firmenstrategie explizit Bezug genommen wird.

Produktions- und Vertriebsbasen der deutschen Industrie sind zu schwach. Nach von Menges müßte etwa die Hälfte der heutigen Exportlieferungen in Zukunft im Ausland, aber nicht von ausländischen Unternehmen, sondern von deutschen Tochtergesellschaften hergestellt werden.[30]

Das westdeutsche Kapital hat hier noch einen Vorsprung der Konkurrenzländer aufzuholen. Noch Anfang 1965 betrugen die deutschen Direktinvestitionen im Ausland insgesamt nur etwa 7 Mrd. DM[31], sie erreichten Ende 1968 die Höhe von 14,35 Mrd. DM, von denen 8,1 Mrd. DM in Westeuropa, 2,4 Mrd. DM in Nordamerika, 1,8 Mrd. DM in Lateinamerika angelegt waren.[32]

Einen Überblick über die privaten direkten westdeutschen Kapitalanlagen im Ausland vermittelt Tabelle 21 auf der folgenden Seite.

Demgegenüber betrugen die ausländischen Beteiligungen in der BRD, ebenfalls Ende 1968, rund 18 Mrd. DM. Die Deutsche Bundesbank schreibt dazu: »In welcher Höhe den Kapitalbeteiligungen des Auslands andererseits deutsche Beteiligungen an ausländischen Unternehmen gegenüberstehen, läßt sich auf einigermaßen vergleichbarer Wertbasis bisher mangels geeigneter statistischer Unterlagen nicht feststellen. Sicher ist allerdings, daß die deutschen Kapitalbeteiligungen im Ausland noch erheblich unter dem Stand des ausländischen Beteiligungskapitals in der Bundesrepublik liegen, denn es war nicht nur nach dem Kriege praktisch kein deutsches Auslandsvermögen mehr vorhanden, während umgekehrt das Auslandsvermögen in der Bundesrepublik weitgehend erhalten blieb, sondern auch bei der Neubildung von Beteiligungskapital hatte das Ausland lange das Übergewicht.

---

[30] Nach Süddeutsche Zeitung, 13. 5. 1969. Der Industriekurier vom 9. 4. 1969 schreibt: »Gemessen an unserem Exportvolumen von 100 Mrd. DM sind die ›echten‹ 10 Mrd. DM Auslandsinvestitionen erbärmlich wenig. Gegenüber diesen 10 v. H. ist Großbritannien mit über 100 v. H. des Exportvolumens im Ausland engagiert, bei den USA sind es sogar rd. 400 v. H. Natürlich kann man nicht in wenigen Jahren aus dem Boden stampfen, was bei den anderen in vielen Jahrzehnten gereift ist . . .« Es geht also der Großindustrie bei ihrer derzeitigen Kapitalexportoffensive tatsächlich um das Vorhaben, mit den anderen hochentwickelten kapitalistischen Staaten gleichzuziehen und eigene imperialistische Bastionen zu schaffen, mit denen verhindert werden kann, daß in einer Zeit des nur noch langsam expandierenden oder gar stagnierenden Weltmarktes die westdeutsche Konkurrenzfähigkeit gegenüber den übrigen hochentwickelten Kapitalismen aufgrund der schwachen Kapitalbasis im Ausland ins Hintertreffen gerät.

[31] Monatsberichte der Deutschen Bundesbank, Mai 1965.

[32] Süddeutsche Zeitung, 23. April 1969.

Tabelle 21
Direkte private westdeutsche Kapitalanlagen im Ausland, in Mio DM

	1960	1963	1966	1967	1968 (30. 6.)
Insgesamt	2 928,0	6 070,8	9 995,3	12 056,8	13 042,6
Davon in:					
Entwicklungsländern	1 029,5	1 940,1	3 036,6	3 472,0	3 792,9
Industrieländern	1 898,5*	4 130,7	6 958,7	8 584,8	9 249,7
Darunter:					
EWG	363,6	1 219,4	2 870,3	3 565,7	3 807,8
Belgien/Luxemburg	88,2	334,1	1 264,4	1 593,7	1 660,3
Frankreich	143,5	505,3	882,7	1 067,1	1 193,5
Italien	55,7	237,4	403,2	519,5	546,9
Niederlande	76,2	142,6	320,0	385,4	407,1
EFTA	540,4	1 305,5	2 249,0	2 545,2	2 767,4
Großbritannien	39,5	98,8	231,2	247,4	267,3
Schweiz	360,6	798,8	1 258,7	1 356,9	1 477,2
Österreich	82,3	306,1	493,2	660,0	727,2
USA	282,3	406,2	578,4	935,5	1 081,6
Kanada	432,5	679,7	857,6	1 083,7	1 119,3
Japan	27,6	43,1	63,8	69,1	72,9

* Da 1960 für Japan und Südafrika keine Angaben vorhanden, wurden die entsprechenden Werte des Jahres 1961 eingesetzt.
Quellen: Ministerialblatt des Bundesministers für Wirtschaft, Bonn, lfd.; Bundesanzeiger, Köln, Nr. 204 vom 29. Oktober 1968.

Erstmals 1968 sind – gemessen an den Transaktionswerten – die ausländischen Kapitalneuinvestitionen im Inland in der Nachkriegszeit von den im gleichen Jahr von deutschen Investoren erworbenen Beteiligungen an ausländischen Unternehmen geringfügig übertroffen worden.«[33] Das westdeutsche Kapital hat demnach für Kapitalexporte noch einen gewissen Spielraum, verglichen mit den Auslandsbeteiligungen der anderen Staaten, der derzeit möglichst schnell ausgefüllt werden soll.
Diese Strategie hat sich die große Koalition, insbesondere Franz Josef Strauß, geflissentlich zu eigen gemacht. In dem »Gesetz über steuerliche Maßnahmen bei der Auslandsinvestition der deutschen Wirtschaft« wird versucht, Kapitalinvestitonen im Ausland steuerlich zu begünstigen durch: (1) den steuerlichen Verzicht auf die sofortige Realisierung stiller Reserven bei der Einbringung von Sachanlagen in ausländische Beteiligungen (im Jahr der Überführung darf eine gewinnmindernde Rücklage in Höhe des Übertragungsgewinns gebildet werden); (2) die An-

33 Monatsberichte der Deutschen Bundesbank, Mai 1969, S. 22.

rechnung von Verlusten ausländischer Betriebsstätten in der Bilanz des inländischen Mutterunternehmens beim Vorliegen von Doppelbesteuerungsabkommen; (3) die Ermöglichung der Bildung einer Rücklage für »Anlaufverluste« bei ausländischen Tochtergesellschaften (das kapitalexportierende Unternehmen kann also die »Anlaufverluste« von dem zu versteuernden Gewinn abziehen); (4) die steuerfreie Übertragung stiller Reserven von Beteiligungen an inländischen Unternehmen auf eine Beteiligung an Auslandsunternehmen in beschränktem Umfang.[34] Dieses Gesetz, das derzeit noch im Entwurfsstadium ist, macht sehr deutlich, daß der westdeutsche Kapitalexport nicht als währungstechnische Angelegenheit aufgrund der hohen Deviseneingänge zu verstehen ist, sondern als Versuch des westdeutschen Kapitals, die Position auf dem Weltmarkt infolge der gegenwärtig besonders günstigen Konstellation (Rezession und Nachhinken der Löhne im Inland während des Konjunkturaufschwungs, temporal geschwächte westeuropäische Konkurrenz, Konjunktur auf dem Weltmarkt) langfristig abzusichern. Wenn also argumentiert wird, daß der Kapitalexport zum Ausgleich der Zahlungsbilanz bei hohen Exportüberschüssen eine Notwendigkeit sei, dann wird dabei unterschlagen, daß dieser Kapitalexport in zunehmendem Maße gerade dazu dient, den Warenexport in der Zukunft noch weiter auszudehnen.[35]

Aber die Absicherung der westdeutschen Warenexporte auf dem

---

[34] Nach Süddeutsche Zeitung, 23. 4. 1969. Vgl. auch Strauß in einer Rede in Bremen, zit. im Industriekurier vom 31. 5. 1969. Der Arbeitskreis I im Bundesverband der deutschen Industrie hat sechs Forderungen zur Erleichterung des westdeutschen Kapitalexports aufgestellt: (1) Abschluß zusätzlicher Doppelbesteuerungsabkommen; (2) mehr Investitionsschutzabkommen; (3) Aufhebung von Einreisebeschränkungen für Management und Facharbeiter seitens derjenigen Länder, in denen westdeutsche Firmen investiert haben; (4) Abschaffung von Investitionsbeschränkungen in anderen Industrieländern; (5) Erleichterung der bürokratischen Verwaltungsarbeiten bei Genehmigungen, Kontrollen usw.; (6) Aufhebung des Exterritorialitätsanspruchs der amerikanischen Trustgesetzgebung. Nach: »Industriekurier«, 19. 6. 1969. Diese Forderungen können nur als Aufforderung an die Bundesregierung interpretiert werden, im Sinne des BDI andere Nationalstaaten zu beeinflussen, westdeutsche Kapitalexporte zu erleichtern.

[35] Vgl. auch Der Volkswirt, 2. Mai 1969, S. 35 ff.
Ein öffentliches Instrument zur Exportförderung wird in zunehmendem Maße die Kreditanstalt für Wiederaufbau, die von Andrew Shonfield, Geplanter Kapitalismus, Köln-Berlin 1968, S. 326 ff nicht zu Unrecht als »zweite Zentralbank«, als ein Lenkungsmittel der Investitionen, bezeichnet wird. In ihrem 20. Jahresbericht für das Geschäftsjahr 1968 teilt die Kreditanstalt für Wiederaufbau mit, daß sie 1968 für 844 Mio DM Exporte

Weltmarkt ist nicht das einzige Ziel der Kapitalexporte. Die westdeutsche Industrie versucht überdies, auf den Auslandsmärkten selbst Fuß zu fassen, um gegenüber Handels- und Währungsrestriktionen anderer Länder gefeit zu sein. Sie verfolgt dabei die gleiche Strategie wie das US-Kapital seit 1958, als es sich en masse innerhalb der Zollmauern der EWG niederließ. Darüber hinaus spielt bei der Begründung der Kapitalexporte noch die Überlegung eine Rolle, daß das westdeutsche Wachstumspotential in der Zukunft allein nicht mehr den Wachstumsnotwendigkeiten der westdeutschen Konzerne genügt. Nach H. Wilhelms, Vorstandsmitglied des Siemens-Konzerns, ergibt sich die Notwendigkeit für Kapitalexporte zur Errichtung ausländischer Betriebsstätten auch aus der Tatsache, daß die Anzahl der Erwerbspersonen in der BRD infolge der kriegsbedingten Alterspyramide bis 1975 nur so geringfügig steigen wird, daß aus diesem Grunde den Expansionstendenzen des Kapitals bereits Grenzen gesetzt sind. Sicherlich spielt dabei auch eine Rolle, daß nicht nur die Anzahl von Arbeitskräften zu wenig steigt, sondern daß auch die Qualifikationsstruktur der westdeutschen Gesamtarbeitskraft im Vergleich mit derjenigen anderer hochindustrialisierter Länder unzureichend für schnelles Wachstum auf längere Sicht ist.[36] Durch Rückgriff auf die Wachstumspotentiale anderer Länder, also durch Rückgriff auf deren Infrastruktur und deren Arbeitskräfte in quantitativer und qualitativer Hinsicht, sollen demnach die zu erwartenden Engpässe der westdeutschen Wirtschaftsentwicklung umgangen werden. Daher auch er-

---

finanziert hat, entweder durch Kredite an ausländische Besteller (622,1 Mio DM) oder durch Kredite an deutsche Exporteure (221,9 Mio DM). Die Exportfinanzierungen betrugen im Jahre 1966 erst 415,6 Mio DM und 1967 708,6 Mio. DM. Daran wird deutlich, daß die Exportoffensive nicht zuletzt auch durch öffentliche Finanzierung erleichtert worden ist.

36 Siehe zu diesem Komplex auch: E. Altvater, Perspektiven jenseits des Wirtschaftswunders, in: neue kritik 39/40 (1966) und 41 (1967). Im Industriekurier der schon mehrmals zitierten Nr. vom 9. April heißt es: »Das Beispiel der USA zeigt, daß wir bei ständig steigendem Lohn- und Gehaltsniveau sowie (trotz Gastarbeitern) chronischem Arbeitskräftemangel einmal froh sein könnten, bestimmte Produkte etwa von deutschen Firmen in Spanien, Jugoslawien oder der Türkei zu beziehen. So wie es heute bereits einen gewissen Re-Export von US-Töchtern in Europa nach den Staaten gibt, weil die Produktion im alten Erdteil bei (noch) wesentlich geringeren Löhnen billiger ist ...« Durch diese Entwicklung werden wieder imperialistische Abhängigkeiten konstituiert, die sich jedoch darin vom Imperialismus bis zum Zweiten Weltkrieg unterschieden, daß die Ausbeutung durch »ökonomische Gesetze« verdeckt bei formaler politischer Selbständigkeit der betroffenen Länder vollzogen wird.

klärt es sich, weshalb die Kapitalexporte Westdeutschlands (wie übrigens auch der anderen hochindustrialisierten kapitalistischen Länder) heute noch vorwiegend in bereits hochindustrialisierte Länder und weniger ausgeprägt in die schwach entwickelten Länder gehen.
Diese drei Momente – Errichtung der Vertriebsnetze, um den Warenexport zu konsolidieren; Bau von Produktionsstätten im Ausland, um zu erwartende Handelsrestriktionen zu umgehen; Rückgriff auf ausländische Wachstumspotentiale – scheinen zusammen die bestimmenden Gründe für die gegenwärtig besonders hohen westdeutschen Kapitalexporte zu sein. Dabei muß natürlich berücksichtigt werden, daß hinter diesen Gründen die Umrechnung in erzielbare Profite auf lange Sicht steht. Nur weil sich das westdeutsche Kapital zusätzliche Profitmöglichkeiten verspricht, werden Produktions- und Vertriebsstätten im Ausland errichtet. – Von diesen langfristigen Kapitalexporten zu unterscheiden sind jedenfalls die kurzfristigen Kapitalexporte, deren Bewegung sich nach dem internationalen Zinsgefälle und spekulativen Gewinnchancen richtet.

Aufwertung oder Nicht-Aufwertung?

Die Ursachen für die derzeitigen »fundamentalen Ungleichgewichte« in den Zahlungsbilanzen Englands, Frankreichs, aber auch (wegen der Überschußposition) der BRD sind durch den Vorstoß der westdeutschen Exportindustrie seit der Rezession mitverschuldet worden. Die relativ günstige Situation des westdeutschen Kapitalismus gegenüber der ausländischen Konkurrenz (siehe den Vergleich der Preis- und Kostenentwicklung S. 87) und die relativ ungünstige Situation Frankreichs nach der Mai-Revolte und Englands infolge des Nachhinkens der gesamten ökonomischen Struktur haben sich als Währungskrisen reproduziert. Die DM scheint in diesem internationalen Zusammenhang unterbewertet, der Franc und das Pfund Sterling scheinen demgegenüber überbewertet zu sein, weshalb zur Beseitigung der Ursachen der »fundamentalen Ungleichgewichte« mit einer Änderung der Währungsparitäten gerechnet werden konnte, d. h. mit einer Aufwertung der DM und/oder einer Abwertung des Franc und/oder des Pfund Sterling. Die internationale Spekulation hat die zu erwartenden Paritätsänderungen spekulativ auszunutzen versucht, indem sie kurzfristiges Kapital in die BRD verlegte, um am Aufwertungsgewinn zu partizipieren und kurzfristiges Kapital aus den »abwertungsverdächtigen« Ländern abzog, um nicht Abwertungsverluste zu erleiden. Im Zeitraum vom 28. April bis zum 9. Mai nahm die Deutsche Bundesbank aus diesem Grunde für 16,7 Mrd. DM Devisen auf[37], die als Verluste in den Devisenpositionen der anderen Länder (Frankreichs, Großbritanniens hauptsächlich, obwohl in die Krise auch andere Währungen mit hineingezogen wurden) erscheinen.

Das folgende Schaubild zeigt sehr deutlich, daß in den beiden jüngsten Krisen vom November 1968 und vom Mai 1969 jeweils mehrere Mrd. DM an Devisen nach Westdeutschland geflossen sind, die als Zunahme der Währungsreserven kurzfristig sich bei der Bundesbank ausweisen:

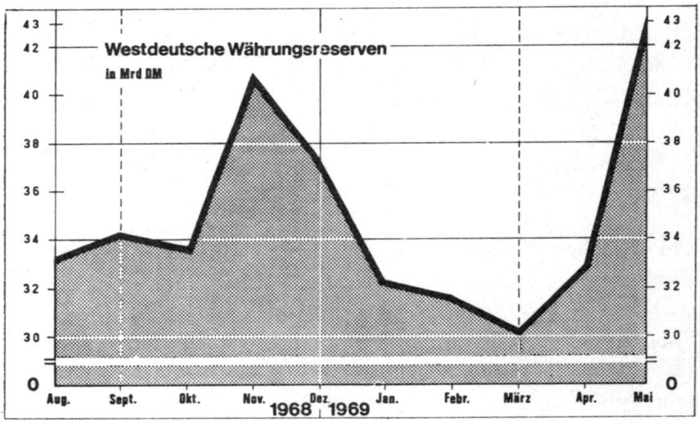

Quelle: Der Volkswirt, 13. Juni 1969

Was bedeutet eine Aufwertung für das entsprechende Land? Nehmen wir als Beispiel das Austauschverhältnis der DM zum Dollar und nehmen wir an, die DM würde um 10 v. H. gegenüber dem Dollar aufgewertet. Eine Aufwertung der DM um 10 v. H. würde bedeuten, daß die ausländischen Käufer deutscher Waren 10 v. H. mehr an DM aufbringen müßten, um das gleiche Warenquantum zu erwerben, oder die exportierende Industrie müßte ihre in DM ausgedrückten Exportpreise um

[37] Monatsberichte der Deutschen Bundesbank, Juni 1969.

10 v. H. senken bzw. die Produktion einschränken, was sich auf die Profite negativ auswirken muß. Für den Kapitalexporteur dagegen sieht die Situation durchaus günstiger aus. Während er bisher 4 Mio. DM aufbringen muß, um für 1 Mio. Dollar Beteiligungen im Ausland (z. B. in den USA) zu erwerben, wird er nun 10 v. H. weniger, also nur 3,6 Mio. DM aufwenden müssen, um die gleiche Beteiligung in Höhe von 1 Mio. Dollar zu erwerben. Andererseits bedeutet aber jeder Transfer der mit dem exportierten Kapital erzielten Profite – in Dollar ausgedrückt – in die BRD bei einer DM-Aufwertung von 10 v. H. exakt eine 10prozentige Verschlechterung: Nehmen wir an, er hat Profite in Höhe von 100 000 Dollar erzielt. In DM ausgedrückt macht diese Summe heute 400 000 DM, nach der Aufwertung von 10 v. H. aber nur noch 360 000 DM aus. Daraus ergibt sich, daß nach der erfolgten Aufwertung, also abgesehen vom Aufwertungsgewinn bzw. -verlust, bei Kapitalexporten und bei Kapitalrückflüssen Vorteile und Nachteile sich ausgleichen, so daß per saldo keine Änderung eintritt, vorausgesetzt, die im Ausland erzielten Profite werden retransferiert. Werden sie wieder im Ausland investiert, dann stimmt die Rechnung nicht. Der internationale Kapitalverkehr, von kurzfristigen Spekulationsgeldern abgesehen, richtet sich demnach nicht nach den Kursen, sondern nach dem internationalen Profit- und Risikogefälle. Der Wechselkurs ist für den Kapitalexport weitgehend irrelevant. (Das bedeutet natürlich nicht, daß auch Wechselkurs*änderungen* für den Kapitalexport irrelevant seien.)

Da eine Aufwertung der Währung sich jedenfalls negativ für den Warenexport auswirken müßte und – vorausgesetzt, das Maß der Aufwertung ist so hoch, daß es wirksam, also fühlbar ist – daher die industrielle Struktur der BRD verändern müßte; da außerdem die Aufwertung für den Kapitalexport wenig relevant wäre, konnte es in der jüngsten Aufwertungsdiskussion in der BRD für die Industrie nur eine Konsequenz geben: den Sturmlauf gegen eine DM-Aufwertung. Der »Industriekurier« der Monate April und Mai dieses Jahres liest sich wie ein Sammelband mit Anti-Aufwertungs-Plädoyers. Die wichtigsten Argumente gegen die Aufwertung lassen sich wie folgt zusammentragen:[38]

[38] Dabei beziehen wir uns auf ein »Abs-Papier zur DM-Aufwertung«, das im Industriekurier vom 8. Mai 1969 referiert wird, und auf »21 Thesen gegen

(1) Die Aufwertung würde die westdeutsche Wirtschaft wegen ihrer hohen Exportquote stark treffen, »ist doch die Auslandsnachfrage eine starke Stütze unserer wirtschaftlichen Aktivität« (Abs). Große Industrieunternehmen mit einer Ausfuhrquote von 40 v. H. und darüber würden nach einer Aufwertung ihre Exporte nicht reduzieren können; sie würden ihre Auslandsmärkte nicht aufgeben und eher versuchen, mit niedrigeren Gewinnmargen oder gar Verlusten diese Märkte weiter zu »bedienen«. Eine solche Verschlechterung der Ertragslage aber würde sich auf die Investitionsneigung, auf die Forschungs- und Entwicklungsaufwendungen und schließlich auf die Beschäftigung auswirken. Denn schließlich arbeitet jeder fünfte Beschäftigte in der BRD für den Export.

(2) Wegen der mit der Aufwertung verbundenen Importverbilligungen würde die Wettbewerbsposition derjenigen Branchen betroffen, die ohnehin »sehr schwach am Markt liegen« (Abs), z. B. Kohle und Stahl, Textil, Schiffahrt und Luftfahrt, und vor allem die Landwirtschaft.

(3) Die deutsche Währung ist nicht so unterbewertet, daß aus diesem Grunde eine Paritätsverschiebung nach oben notwendig wird. Die BRD habe der Weltwirtschaft in den letzten Jahren kaum Liquidität entzogen, da die frei verwendbaren Währungsreserven geringer als 1960 sind, obwohl das Außenhandelsvolumen seitdem um über 70 v. H. gestiegen sei. Auch sei der deutsche Zahlungsbilanzüberschuß von nicht gefährlichem Ausmaß, da er in zunehmendem Maße durch Kapitalexporte kompensiert würde (Abs). Überdies überzeichne die westdeutsche Handelsbilanz den deutschen Beitrag zum Weltmarkt, da die BRD mehr als andere Länder ausländische Märkte aus heimischer Produktion beschicke. Während der Industrieexport der USA etwa ebenso groß wie der deutsche ist, ist die Eigenproduktion der US-Auslandstöchter etwa 30mal so groß wie die entsprechende Erzeugung der Auslandstöchter deutscher Gesellschaften. Daher sei es notwendig, die deutschen Direktinvestitionen im Ausland zu fördern.

(4) Eine Aufwertung würde die Investitionsbereitschaft der deutschen Unternehmer einschränken, da die Erträge – umgerechnet in DM – vermindert wären (Alex Möller).

---

eine Aufwertung der DM« von Alex Möller (SPD) im Industriekurier vom 17. Mai 1969.

(5) »Über die ökonomisch-finanziellen Auswirkungen hinaus hat die Aufwertung selbstverständlich eine politische Komponente . . .« (Alex Möller)[39]

Welche Interessen aber vertreten die Befürworter einer DM-Aufwertung? Das am häufigsten vorgebrachte Argument ist der Verweis auf die infolge der Exportoffensive steigenden Preise im Inland. Der inflationistische Prozeß könne durch eine Aufwertung, d. h. durch eine Erschwerung der Exporte und eine Erleichterung der Importe, also durch eine Vergrößerung des Warenangebots auf dem inneren Markt, aufgehalten werden.

Aber sowohl die DM-Aufwertung vom Jahre 1961, als auch die Erfahrungen mit dem »Außenwirtschaftsabsicherungsgesetz« vom November 1968 zeigen, daß eine Stabilisierung des Preisniveaus, ja noch nicht einmal eine wirksame Exportbegrenzung, die notwendige Folge einer Aufwertung zu sein braucht.

Die Konsequenzen der DM-Aufwertung des Jahres 1961 sind hier lehrreich. Das JG 67/68 schreibt dazu[40]: »Für die Exportunternehmen bedeutete die Aufwertung eine außergewöhnliche und unerwartete Störung ihrer Dispositionen. Die Aufwertung war lange Zeit immer wieder dementiert worden (eine Übung, die bei Wechselkursänderungen im System von Bretton Woods nicht zu vermeiden ist). Sie kam dann zu einem Zeitpunkt, in dem die deutsche Wirtschaft sich bereits darauf einzurichten begann, daß die Anpassung an den internationalen Inflationstrend eher durch einen beschleunigten Preisanstieg im Innern als durch eine Währungsaufwertung zu erwarten sei. Denn die stürmische Gewinnentwicklung von 1960 hatte die Gewerkschaften zu besonders hohen Lohnforderungen ermutigt, die sich 1961 um so eher durchsetzen ließen, als die Unternehmen mit Aufträgen sehr gut eingedeckt waren. Tariflohnerhöhungen im öffentlichen Dienst, bei denen die Aufwertung ebenfalls ignoriert wurde, hatten für andere Bereiche einen gewissen Signalcharakter. So blieb die Aufwertung ohne entsprechende Wirkung auf die Lohnentwicklung von 1961 und 1962. Der Anstieg der Lohnkosten schmälerte die Gewinne der Unternehmer und den Spielraum, der es ihnen sonst erlaubt hätte, ihre DM-Preise zu senken und

---

[39] Alex Möller begründet diesen Aspekt zwar lediglich mit den Devisenausgleichsverhandlungen. Jedoch steht dahinter mehr: nämlich der Versuch, durch die Exportoffensive und die dadurch zu gewinnende ökonomische Großmachtposition auch politisch Gewinn schlagen zu können.

[40] JG 67/68, Ziff. 438.

damit ihre Auslandspreise einigermaßen auf dem alten Niveau zu halten. Aber sicher hat die Aufwertung verhindert, daß die DM-Preise der Exportgüter 1961 und 1962 ebenso stark gestiegen sind wie die industriellen Erzeugerpreise im Inlandsabsatz.« Die Aufwertung hat zwar die Exportpreissteigerung begrenzt, jedoch deren Anstieg nicht behindern können, da die Weltmarktpreise für industrielle Produkte insgesamt eine Tendenz nach oben aufweisen. Solange also das allgemeine Preisniveau auf dem Weltmarkt sich erhöht, kann eine Aufwertung für eine Preisniveaustabilisierung durch Exportdrosselung nur temporär erfolgreich sein. Das gilt insbesondere in der gegenwärtigen Situation, in der die westdeutschen Exportpreise noch unter den Exportpreisen der Konkurrenzländer liegen.[41] Dadurch wird im Falle einer Aufwertung, wenn sie sich in den ernsthaft diskutierten Größenordnungen bewegt (Schiller nannte 6,25 v. H., von denen lediglich 2,25 v. H. effektive Aufwertung bedeuteten, da 4 v. H. auf die im Aufwertungssatz angerechneten Exportsteuern entfielen), lediglich der Spielraum geringfügig reduziert, der den westdeutschen Exporteuren zur Verfügung steht. Ihre Position würde dadurch geschwächt, aber die Preisniveaustabilisierung brauchte dennoch nicht einzutreten.

Auch das außenwirtschaftliche Absicherungsgesetz, das die Exporte mit 4 v. H. steuerlich belastete und die Importe mit ebenfalls 4 v. H. steuerlich entlastete, ist letztlich unwirksam geblieben. Zwar sanken unmittelbar nach Erlaß des Gesetzes am Ende des Jahres 1968 die Exporte, und die Importe stiegen an (vgl. Schaubild S. 89), aber schon Anfang des Jahres 1969 zeigte sich die Fortsetzung des alten Trends der Ausfuhrüberschüsse. Auch die internationale Spekulation hat nur kurzfristig Westdeutschland verlassen, um sich im Mai verstärkt in Westdeutschland zu engagieren.[42] Nach einer Untersuchung des Ifo-Instituts empfin-

---

[41] Nach JG 67/68, Ziff. 462 betrug die negative Abweichung westdeutscher Exportpreise vom Weitmarktpreisniveau 0,6 v. H. im Jahre 1967, wenn 1965 als Ausgangsbasis gewählt wird und 1,6 v. H., wenn 1966 als Ausgangsbasis genommen wird.

[42] Wirtschaftsminister Schiller verkündete siegessicher nach den Novemberverhandlungen des Zehnerclubs in dem »Kategorischen Imperativ deutscher Wirtschaftspolitik im Jahre 1969« (Bulletin des Presse- und Informationsamtes der Bundesregierung, vom 27. Februar 1969): ». . . Ein Ziel der Absicherung ist heute schon voll und ganz erreicht. Die Devisenbestände der Deutschen Bundesbank sind zur Zeit geringer als vor Inkrafttreten des Gesetzes. Die Spekulationsgelder, die damals in wenigen Wochen in Höhe von

det nur etwa ein Drittel der Exportfirmen die Ausfuhrsteuer als Belastung; die übrigen zwei Drittel konnten vielmehr die Sondersteuer voll auf ihre ausländischen Kunden abwälzen. Ifo führt dies vor allem auf die geringe Elastizität der ausländischen Nachfrage nach deutschen Exportgütern in bezug auf deren Preis zurück.[43] Der Industriekurier kommentiert: »Hochspezialisierte deutsche Maschinen und Anlagen sind so gut im Markt, so konkurrenzlos oder in qualitativer Hinsicht so attraktiv, daß die ausländischen Besteller auch dann noch nicht abspringen, wenn diese plötzlich 4 v. H. teurer werden.«[44] Überdies haben immerhin 10 v. H. der befragten Firmen angegeben, daß sie zum Ausgleich der von Auslandskunden verlangten Preissenkungen ihre Inlandspreise erhöhten.[45] Andererseits sind die Importverbilligungen kaum wirksam geworden. Nur 10 v. H. der befragten Firmen bezeichneten die Verbilligung importierter Vorprodukte als spürbar. Ansonsten sei die Importbegünstigung vom Ausland dazu benützt worden, seine Preise anzuheben. Kurz: Das Absicherungsgesetz hat kaum einen Einfluß auf die Richtung und den Umfang des Außenhandels und die Preisauftriebstendenzen der BRD gehabt.

Soll eine Aufwertung den inländischen Preisauftrieb wirksam begrenzen, dann muß sie in einer Größenordnung von minde-

---

mehr als 10 Mrd. DM nach Frankfurt gegangen waren, sehen Frankfurt heute nicht mehr als Magneten an. Sie sind reumütig nach Hause zurückgekehrt, und ihre Inhaber haben einen erheblichen Verlust dabei erlitten. Strafe muß sein! Innerhalb von drei Monaten ist es also der Bundesbank gelungen, von Plus auf Minus umzupolen und alle heißen Gelder abzustoßen.« Strafe muß sein für solch eine Theorie-ignorante Wirtschaftspolitik! Denn weitere drei Monate später waren die heißen Gelder mit 17 Mrd. DM wieder am Magneten Frankfurt konzentriert. Schiller, der noch im November 1968 gegen eine DM-Aufwertung Partei ergriffen hatte, wurde nun zum Aufwertungsbefürworter und geriet in einen, seinem Wahlimage wenig zuträglichen Konflikt mit Strauß. Die beiden, die als Plisch und Plum von der Presse als erfolgreiche Krisenmanager hochgejubelt worden waren, sind nun als Platsch und Plumps in der schwersten Währungskrise seit Jahren versackt.

43 Die Untersuchung wird zitiert nach: Industriekurier vom 3. Juni 1969. Hier zeigt sich wieder der im ersten Kapitel erörterte Zusammenhang, daß Außenhandel im Monopolkapitalismus weniger durch Preisdifferenzen als durch internationale Diversifizierung zustandekommt. Dabei darf natürlich nicht übersehen werden, daß die kurzfristige Richtung des Außenhandels sehr wohl auch von Preisdifferenzen bestimmt wird.

44 Industriekurier vom 3. Juni 1969.

45 Diese Unternehmen stammen vor allem aus der Spielwarenindustrie, der EBM-Industrie, der Feinmechanik und Optik, der Uhrenindustrie, der Holzbearbeitung und der Feinkeramik.

stens 10 v. H. erfolgen. Aufwertungssätze, die darunter liegen, können diesen Effekt kaum erzielen; sie sind lediglich geeignet, die exportierende Industrie geringfügig zu belasten und den Konkurrenzländern einen gewissen Spielraum für leichte zusätzliche Anhebungen ihrer Preise zu verschaffen, d. h. die internationalen Preisdivergenzen ein wenig auszugleichen.

Daher scheint der Widerspruch zwischen den Vertretern einer Aufwertung und denjenigen, die sie ablehnen, in erster Linie der Widerspruch zwischen den kurzfristigen nationalen Kapitalinteressen Westdeutschlands und dem Interesse an einer langfristigen Expansion der Weltwirtschaft und damit auch der westdeutschen Wirtschaft zu sein. Den Befürwortern einer DM-Aufwertung ist klar, daß die »fundamentalen Ungleichgewichte« gerade das labile System der Weltwährungsordnung in Gefahr bringen und mit einer Störung oder gar einem Zusammenbruch des Weltwährungssystems auch der gesamte Welthandel und multiplikativ die gesamte Weltwirtschaft in eine Krise gestürzt würde. »Obwohl unser Land in den letzten beiden Jahrzehnten besonders große Vorteile aus der Liberalisierung des Welthandels und Zahlungsverkehrs gezogen hat, wird nunmehr die weltwirtschaftliche Ordnung leichtfertig *untergraben.* Mit dem Argument, der deutschen Wirtschaft die nur kurzfristigen und letztlich doch unvermeidlichen Störungen einer Aufwertung ersparen zu wollen, vermindert man ihre langfristigen Chancen, die sie nur in einer geordneten Weltwirtschaft ohne dirgistische Hemmnisse wahrnehmen kann.«[46] Denn es können berechtigte Bedenken gegen eine auch nur mittelfristig ungestörte Fortsetzung der westdeutschen Exportoffensive ohne Gegenmaßnahmen anderer Länder angemeldet werden (England beispielsweise ist bereits heute in einer solch hoffnungslosen Situation, daß weitere Importrestriktionen und Exportsubventionen als derzeit einziger Ausweg übrig bleiben), und zum anderen ist theoretisch abzuleiten und empirisch aus den Erfahrungen der letzten Jahre zu belegen, daß das Weltwährungssystem einem permanenten »Ungleichgewicht« der nationalen Zahlungsbilanzen auf die Dauer nicht standhalten wird. Die durch die internationale Konkurrenz bedingte Ungleichmäßigkeit der Verteilung der Weltwährungsreserven, die Ungleichzeitigkeit in der Entwicklung der

[46] Hans Möller, Ein Spiel mit dem Feuer, in: Süddeutsche Zeitung, 21. Mai 1969.

ökonomischen Struktur der einzelnen Länder überhaupt und die unterschiedliche Preis- und Produktivitätsentwicklung in den wichtigsten kapitalistischen Staaten, verursachen nicht nur Liquiditätsprobleme, die innerhalb des gegenwärtigen Währungssystems aufgrund der verschiedenen eingebauten Puffer (Zehnerclub, Gold-Pool, Swap-Abkommen, Sonderziehungsrechte usw.) bewältigt werden können, sondern rufen die nicht so leicht kontrollierbare internationale Spekulation auf den Plan.
Jede akute Währungskrise (des Pfundes im November 1967, des Dollar und des Pfundes im März 1968, des Franc im November 1968 und im Mai 1969) führt zu umfangreichen internationalen Kapitalbewegungen, die sich auf Wechselkurs und Liquiditätslage der betroffenen Länder unmittelbar auswirken. Die einzige Möglichkeit zur Behebung dieser Währungskrise hätte in der Verschlechterung der Position des westdeutschen exportierenden Kapitals auf dem Weltmarkt bestanden. Dieser Zielsetzung hätte eine Aufwertung der DM gedient, vorausgesetzt, derAufwertungssatz wäre hoch genug bzw. mit entsprechenden Abwertungssätzen anderer Währungen verbunden gewesen. Aber bereits im November 1968 hatte es Westdeutschland verhindern können, eine Aufwertung durchzuführen und damit seine Exportoffensive zu verlängern vermocht. Je länger sie aber dauert, desto größer werden die »Ungleichgewichte«, desto aussichtsloser wird die Situation der Konkurrenzländer (insbesondere Englands) und desto radikaler werden die »Anpassungsmanöver« sein, um die durch das Währungssystem von Bretton Woods integrierten Weltmärkte für Waren und Kapital zu erhalten oder – zu sprengen.

Binnenwirtschaftliche Folgen der Nicht-Aufwertung der DM

Wie wirkt sich aber die »Nicht-Aufwertung« für die binnenwirtschaftliche Situation der BRD aus? Hier sind mehrere Tendenzen zu unterscheiden:
(1) Der Exportboom kann sich vorerst fortsetzen, solange der Weltmarkt expandiert und keine Restriktionen von importierenden Ländern angewandt werden. Dadurch wird das inländische Warenangebot relativ verringert, während die Devisenzuflüsse das Geldangebot vergrößern. Inflationistische Tendenzen sind die notwendige Folge mit der eventuellen Konsequenz, daß

das außenwirtschaftliche Gleichgewicht nicht über eine Aufwertung, wohl aber über eine Anpassungsinflation, gegebenenfalls verbunden mit deflationistischen Maßnahmen anderer Länder, hergestellt wird.
(2) Die Exportlastigkeit, d. h. die Abhängigkeit vom expandierenden Weltmarkt und von einer Politik der kapitalistischen Konkurrenzländer, die die westdeutschen Exporte nicht beschneidet, wird tendenziell größer. Daraus ergeben sich langfristig Konsequenzen für die gesamte ökonomische Struktur, da bestimmte Produktionszweige (Autoindustrie, Chemie, Elektrotechnik) für den Export expandieren und über die Preis- und Kostenstruktur bzw. im Rahmen direkter konzerninterner Planung Ressourcen binden, die sonst zur Produktion für den inneren Markt verwendet werden könnten.
(3) Durch den Exportboom wird die Konzentration der Wirtschaft weitergetrieben. 1954 vereinten die 50 größten westdeutschen Unternehmen einen Anteil von 32 v. H. des gesamten Exportvolumens auf sich; 1966 waren es bereits über 50 v. H. »Mehr noch als in früheren Jahren wird es für die Realisierung des technischen Fortschritts in wichtigen Industriegruppen darauf ankommen, über den zu kleinen Binnenmarkt hinaus große Teile der Produktion im Ausland absetzen zu können. Der Anteil des Binnemarktes am gesamten Umsatz der westdeutschen Industrie wird daher weiter abnehmen.«[47]
(4) Da Westdeutschlands Exporte im wesentlichen in die Kategorie der Produktionsmittel fallen, bedeutet eine weitere Ausdehnung der Exporte eine Verstärkung des Gewichts der Abteilung I und eine relative Zurückdrängung der Konsumtionsmittel erzeugenden Industrien. Damit aber werden die zyklischen Schwankungen der Wirtschaft verstärkt, da die Investitionsgüter erzeugenden Bereiche ausgeprägtere Zyklen aufweisen als die Konsumtionsmittel erzeugenden Bereiche.
Folgende Tabelle zeigt den Anteil der einzelnen Abteilungen am Gesamtexport der BRD seit 1958.
Wenn im JG 67/68 (S. 211) vom Sachverständigenrat darauf verwiesen wird, daß in exportorientierten Bereichen die realen Bruttoanlageninvestitionen weit stärker schwanken als in nicht exportintensiven Unternehmen, dann ist nicht ganz klar, ob

[47] Süddeutsche Zeitung, 16./17. November 1968 (in einem Bericht über ein Gutachten der Prognos AG, Basel).

Tabelle 22
Warenausfuhr nach Warengruppen der Produktionsstatistik (in Mrd. DM)

	Erzeugnisse der							
	Abteilung I				Abteilung II			
	Bergbauliche Erzeugnisse	Grundstoffe und Produktionsmittel	Investitionsgüter	Abt. I in vH	Verbrauchsgüter	Nahrung Genußmittel	Land- u. Forstwirtschaft	Abt. II in vH
1958	2,2	10,0	19,9	87,0	3,5	0,7	0,3	13,0
1960	2,6	14,0	25,0	86,7	4,5	0,9	0,4	13,3
1962	2,5	14,5	29,0	86,7	5,0	0,9	0,5	13,3
1964	2,5	17,4	35,6	85,6	6,5	1,2	0,6	14,4
1965	2,4	19,6	38,9	85,2	7,2	1,5	0,8	14,8
1966	2,4	22,5	43,9	85,4	8,2	1,6	0,8	14,6
1967	2,3	25,2	46,4	84,9	8,8	2,0	0,9	15,1

Quelle: JG 68/69, S. 161, eigene Berechnungen.

diese stärkeren zyklischen Ausschläge der Exportintensität oder der Tatsache stärkerer Schwankungen der Investitionen überhaupt zu verdanken ist. Fest steht jedenfalls, daß eine weitere Forcierung westdeutscher Exporte gerade die Bereiche stärken wird, die der Abteilung I zugehören und daher im Konjunkturprozeß als Konsequenz die Verschärfung der Zyklen zu erwarten ist. Diejenigen Wirtschaftszweige, die das fixe Kapital (der Teil des konstanten Kapitals, der seinen Wert nicht im Verlauf einer Produktionsperiode auf den Produktwert überträgt, sondern in mehreren Produktionsperioden via Abschreibungen) produzieren, werden ihren Anteil an der Volkswirtschaft vergrößern. Das fixe Kapital ist nicht nur »der materielle Träger« des konjunkturellen Zyklus, sondern zugleich ein Indikator für den Grad der »Entfernung« der Produktion von der individuellen und kollektiven Konsumtion. Die Loslösung der nationalen Produktivkraft von der nationalen Konsumtionskraft wird durch diese Tendenz weitergetrieben.

(5) Mit dem steigenden Geldangebot in Westdeutschland durch Devisenzuflüsse und einströmende Spekulationsgelder werden die Aktienkurse hochgetrieben. Der Gesamtindex deutscher Aktienkurse stieg vom 28. April bis zum 19. Mai um 8 Punkte, wenn der 31. 12. 1968 gleich 100 gesetzt wird. Mit den steigenden Kursen sinkt die Rendite. Bei sinkender Rendite aber ist ein Teil der ausländischen Gelder nur durch die erwarteten Gewinne

bei einer Aufwertung in Westdeutschland zu halten. Rückflüsse des »heißen Geldes« en masse werden auf die Kurse drücken und mit der zu erwartenden Baisse auf den Aktienmärkten die Verwertung des Kapitals erschweren.

(6) Durch inflationistische Tendenzen werden die Reallöhne prinzipiell gedrückt, so daß Lohnforderungen erhoben und im Zeichen hoher Gewinne auch durchgesetzt werden. Da sich aber im Verlauf der Exportoffensive die im Monopolkapitalismus grundsätzlich angelegte Profitratenhierarchie weiter profiliert hat, werden die Lohnerhöhungen die einzelnen Wirtschaftszweige ungleich treffen und die Disproportionalitäten weiter verstärken.

Diese Gründe sind es, die das nicht am Export interessierte Kapital und den »wissenschaftlichen Sachverstand« (etwa die 61 Professoren, die für eine Aufwertung plädiert haben) nach einer DM-Aufwertung rufen lassen. Auch die »Sparer«, »vertreten« durch den Präsidenten des deutschen Sparkassen- und Giroverbandes, gesellen sich zu den Befürwortern einer Aufwertung. Die Gewerkschaften plädieren ebenfalls für die Aufwertung, um die Steigerung des Preisniveaus, d. h. den Kaufkraftschwund der Lohneinkommen in erträglichen Grenzen zu halten.[48] Da sowohl die Gründe für als auch gegen eine Aufwertung »richtig« sind, »richtig« von den jeweiligen Interessen aus betrachtet, hätte jede Maßnahme in der gegenwärtigen Weltwährungskrise »flankierende Maßnahmen« notwendig gemacht, um die widersprüchlichen Wirkungen wenigstens grob aufzufangen.

Der Charakter der flankierenden Maßnahmen, wie sie von der Bundesregierung im Mai 1969 getroffen worden sind, um die Folge einer Unterlassung, nämlich der Aufwertung, in den Griff zu bekommen, läßt erkennen, auf Kosten welcher Interessen der Ausweg aus der Zwickmühle gefunden werden soll. Die sieben Maßnahmen lauten:[49]

1. Die Bundesbank soll die Möglichkeit erhalten, den Zufluß von Auslandsgeldern stärker zu belasten. Zu diesem Zweck soll

---

[48] Elmar Wolfstetter, Warum wurde die DM nicht aufgewertet?, in: Diskus, Frankfurter Studentenzeitung, Nr. 5/6, Juni 1969, bewegt sich unkritisch auf der Position gewerkschaftlicher Argumentation, ohne zu reflektieren, daß eine Aufwertung nicht gegen die Interessen *des* Kapitals gerichtet ist, sondern nur gegen eine Fraktion des Kapitals in der gegenwärtigen historischen Situation.

[49] Nach Schiller in der Fragestunde des Bundestages zur Währungspolitik vom 15. Mai 1969, zit. nach »Handelsblatt«, 16./17. Mai 1969.

die Bundesbank ermächtigt werden, die gesetzliche Mindestreserve über 100 v. H. hinaus zu erhöhen.
2. Der Devisenhandel soll verteuert werden, um durch hohe Bearbeitungsgebühren und Provisionen die spekulativen Zuflüsse abzuschrecken.
3. Die Befristung des im November 1968 erlassenen Außenwirtschaftlichen Absicherungsgesetzes soll aufgehoben werden.
4. Die Bundesregierung soll ihre schwebenden Schulden in Höhe von 4,4 Mrd. DM vorzeitig tilgen oder mittelfristig konsolidieren.
5. Es soll eine Konjunkturausgleichrücklage gebildet werden, der die Steuermehreinnahmen von Bund und Ländern zugeführt werden. Für den Bund sind 2,4 Mrd. DM, von den Ländern 1,2 Mrd. DM zu erwarten.
6. Die vorläufige Ausgabensperre in Höhe von 1,8 Mrd. DM soll, am 18. März 1969 beschlosen, dahingehend überprüft werden, ob die Gelder nicht endgültig gestrichen werden können.
7. Es werden keine dirigistischen Maßnahmen zur außenwirtschaftlichen Absicherung getroffen (Schiller: »Ich stelle fest, die marktwirtschaftliche Ordnung wird nicht angetastet.«).

Während die ersten drei Maßnahmen die Spekulationsgelder aus dem Ausland »abwehren« sollen, dienen die folgenden drei Maßnahmen dazu, die Nachfrage auf dem inneren Markt zu begrenzen. Die »flankierenden Maßnahmen« haben somit einen recht eindeutigen Charakter. Um die Exportchancen Westdeutschlands nicht zu beschneiden, wird versucht, die Konsequenzen steigender Exporte aufzufangen: durch Abwehr der hereinströmenden Spekulationsgelder einerseits und durch Versuche zur Begrenzung der inneren Nachfrage, um die inflationistischen Folgen zu vermeiden, andererseits. Beide Maßnahmebündel dürfen mit Fug und Recht als wenig wirksam eingestuft werden. »Denn es ist völlig unmöglich, eine komplette Devisenbewirtschaftung aufzubauen.«[50] Sämtliche Schlupflöcher für den internationalen Devisenhandel lassen sich bei integrierten Märkten nicht verstopfen.

Und es ist ebenfalls unmöglich, die Nachfrage auf dem inneren Markt so in »Maß und Mitte« zu halten, daß Vollbeschäftigung und stabile Preise gesichert bleiben. Denn gelingt es, die Preise zu stabilisieren und wird die ausländische Inflationsrate sich wie

---

[50] Wolfgang Stützel in einem Interview mit »Der Volkswirt«, 16. Mai 1969.

bisher entwickeln, dann muß notwendigerweise der Warenexport weiter zunehmen und dadurch das labile Gleichgewicht zwischen Nachfrage und Angebot auf dem inneren Markt immer wieder in Richtung steigender Preise stören. Bisher sind die Bundestagswahlen ein Grund dafür, daß die Preise noch nicht inflationistisch gestiegen sind. Wie zur Bundestagswahl 1957 scheint es auch in diesem Jahr wieder explizite Abmachungen zwischen der CDU/CSU und der westdeutschen Industrie zu geben. Der »Volkswirt« berichtet, daß in Bonn »nicht ganz von der Hand zu weisende Gerüchte kursieren«, nach denen »Kiesinger und Strauß mit der Wirtschaft und ihrem Verbandspräsidenten eine stillschweigende Übereinkunft (schlossen): Die Verhinderung der Aufwertung solle durch Preisstabilität bis zur Wahl honoriert werden. Als ›Transmissionsriemen‹ könnte der CDU-Wirtschaftsrat dienen, ungeachtet der taktischen Schwierigkeit, daß Wirtschaftsratsvorsitzender Schäfer zugleich im Sachverständigenrat sitzt. BDI-Präsident Berg jedenfalls soll beim Bundeskanzler bereits Entgegenkommen gelobt haben: ›Wir versuchen, die Preise bis zur Wahl zu halten.‹«.[51]

Wenn die Akklamationsveranstaltung der Wahlen allerdings vorüber ist und vier Jahre gänzlich ohne Rücksicht auf die Massen wieder regiert werden kann, dann werden die Preise nicht mehr durch Übereinkommen zu halten sein. Die einzige wirksame Möglichkeit, Exporte zu begünstigen und dennoch das Binnenpreisniveau zu stabilisieren, ist die Rezession mit einem Bodensatz von »Unterbeschäftigung«. Daher glaubt der IHK-Präsident und Vorstandsvorsitzende des Gutehoffnungshütte-Konzerns, von Menges, daß sich die Konjunktur von selbst abkühlen wird und es »1971 hoffentlich eine leichte Rezession geben wird«.[52]

Das westdeutsche Kapital versucht also, sich außenwirtschaftlich durch Warenexporte und vor allem durch Kapitalexporte zu stärken, diese Strategie binnenwirtschaftlich durch Restriktionen der inneren Nachfrage – um eine Preisinflation in Grenzen zu halten – abzusichern, ohne in dieser Strategie auf die Konsequenzen für das Weltwährungssystem Rücksicht zu nehmen. Die Grundlagen für die nächste Währungskrise werden daher vom westdeutschen Kapital bereits heute gelegt. Aber es wäre illuso-

---

51 »Der Volkswirt«, 23. Mai 1969.
52 Süddeutsche Zeitung, 13. Mai 1969.

risch, eine andere Handlungsweise zu erwarten: Denn die internationale Konkurrenz zwingt die kapitalistischen Staaten, ihre temporären Vorteile wahrzunehmen, ebenso wie die Konkurrenz die kapitalistischen Staaten eines Tages zwingen wird, das derzeitige Währungssystem platzen zu lassen, um nicht vollends niederkonkurriert zu werden. Welche Staaten jeweils in der spezifischen historischen Situation die relativ begünstigten und welche die relativ benachteiligten sind, hängt von vielen Faktoren ab. Jedenfalls sorgt die Konkurrenz der nationalen Kapitale unter dem allgemeinen Prinzip der Ungleichzeitigkeit der Entwicklung dafür, daß eine weltweite kapitalistische Entwicklung im Gleichschritt, d. h. währungspolitisch ausgedrückt: mit in allen Ländern einigermaßen ausgeglichenen Zahlungsbilanzen, nicht möglich ist. Derzeit ist Westdeutschland das auf dem Weltmarkt vorpreschende Land, das durch diese Strategie andere Konkurrenzländer, insbesondere Frankreich und England, in Währungsschwierigkeiten stürzt; morgen wird es Japan sein, das auch Westdeutschland in Währungsprobleme zu stürzen vermag. Alle diese Währungskrisen, die nicht vom Dollar unmittelbar ausgelöst werden, strahlen auf die Reservewährung Dollar aus und drohen den Dollar immer, trotz der diversen Absicherungsmaßnahmen (wie sie im vorangegangenen Kapitel beschrieben sind), in einen Krisenstrudel mit hineinzuziehen.
Solange die kapitalistische Konkurrenz die Prinzipien der Beziehungen zwischen den kapitalistischen Staaten bestimmt, solange werden Währungskrisen nicht zu verhindern sein – trotz all des Geredes über »policy mix«, außenwirtschaftliche Absicherung, »moderne« währungspolitische Instrumentarien und dergleichen mehr. Denn diese Krisen sind nicht innerhalb des Währungssystems entstanden und können folglich innerhalb des Währungssystems nur an Symptomen kuriert werden.

Zusammenfassung

Am Beispiel der BRD wurde gezeigt, welche Auswirkungen eine erfolgreiche Politik der Krisenbekämpfung für Weltwirtschaft und Weltwährungssystem haben kann. Die Ankurbelung der westdeutschen Wirtschaft durch neokeynesianische Wirtschaftspolitik hat die westdeutsche Wirtschaftskrise ins Währungssystem verlagert. Eine solche Politik war in Westdeutschland notwendig, da die industrielle Struktur hochgradig exportabhängig ist. In sämtlichen Wirtschaftszyklen Westdeutschlands in der Nachkriegszeit haben steigende Exporte als Anstöße für neue Wirtschaftsaufschwünge gedient. Aber eine solche Politik des Krisenmanagements kann nur so lange erfolgreich sein, wie der Weltmarkt insgesamt expandiert. Daß nach der Krise von 1966/67 durch die westdeutsche Exportoffensive die Währungen Englands und Frankreichs in eine schwere Krise geraten sind, kann auch als Hinweis auf die verschärften Konkurrenzverhältnisse auf dem Weltmarkt gewertet werden. Das Vordringen Japans und die Konkurrenz der USA sind weitere Anzeichen, daß Westdeutschlands Position als zweites Welthandelsland nach den USA strukturell gefährdet ist. Neu in der Zeit nach 1966 ist aber vor allem, daß zum ersten Mal in der Nachkriegszeit von Westdeutschland ein bedeutender Kapitalexport vorgenommen wird. Als Ursachen dafür sind die Versuche anzusehen, im Ausland »Fuß zu fassen«, um gegen die erwartete schärfere Konkurrenz besser gewappnet zu sein. In diesem Zusammenhang ist auch die Diskussion um die Aufwertung der DM zu betrachten. Da eine Aufwertung die westdeutschen Exporte erschweren würde, wehrt sich die exportabhängige Industrie gegen jeden Aufwertungsversuch. Andererseits aber wird eine Aufwertung der DM nicht zu umgehen sein: Wird nämlich die Exportoffensive mit der Wucht wie 1968 und 1969 weitergetrieben, dann werden andere Länder in noch größere Währungsschwierigkeiten geraten und unter Umständen zu Maßnahmen greifen (Aufhebung der Währungskonvertibilität), die die Funktionsfähigkeit des Währungssystems, d. h. die Voraussetzung für einen expandierenden Weltmarkt, beeinträchtigen. Die Befürworter einer Aufwertung haben daher weniger die Preisstabilität im Sinn als das langfristige Interesse des westdeutschen Kapitals an einem funktionierenden Weltwährungssystem und einem expandierenden Weltmarkt. Denn Preisstabilität im Inland kann auch durch andere Methoden als eine Aufwertung gesichert werden: durch Beschränkung der Inlandsnachfrage, also durch Kürzung der Staatsausgaben und rigorose Lohnleitlinien, die – zumindest als Versuch – sicherlich nach der Bundestagswahl zu erwarten sind. Damit sind jedoch die Probleme nicht gelöst, die sich aus der westdeutschen Exportoffensive, aus den hohen Leistungsbilanzüberschüssen, für die Währungsordnung ergeben. Die Möglichkeiten einer »Lösung« durch Reform des Währungssystems oder durch Übertragung der schleichenden Währungkrise in die Weltwirtschaft und damit in die nationalstaatlichen Wirtschaften sollen im folgenden Kapitel erörtert werden.

Reform des Währungssystems oder Fortsetzung der Weltwährungskrise?

Seit der Einführung der Konvertibilität der Währungen im Jahre 1958/59, seitdem also der in Bretton Woods 1944 geschaffene Golddevisenstandard voll in Funktion gesetzt wurde, sind unzählige Pläne und Vorschläge zur Reform dieses Währungssystems entwickelt worden. Die »Währungsunordnung« (Albert Hahn) des internationalen Golddevisenstandards, »den wir 1958 stolz wiederherstellten, erfüllte seine Aufgabe während des letzten halben Jahrhunderts nur fünf Jahre zufriedenstellend.«[1] Das waren nach Robert Triffins Ansicht der Zeitraum von 1928 bis 1931 und die Jahre von 1958 bis 1960, also bis zur ersten großen Dollarkrise, als die Spekulation den Goldpreis bis auf 41 Dollar je Feinunze Gold hochtrieb. Ein so labiles, krisenanfälliges System fordert zu Reformvorschlägen heraus, von denen einige bereits kurz diskutiert worden sind. Die vielen disparaten Reformvorschläge lassen sich in zwei Kategorien ordnen. Die erste Kategorie enthält alle Pläne, die bei der Zusammensetzung, Menge, Verteilung, Umlaufgeschwindigkeit der *Weltliquidität* ansetzen. Die zweite Kategorie enthält alle diejenigen Vorschläge, die sich auf das *Wechselkursgefüge* beziehen. Beide Kategorien hängen eng miteinander zusammen; sie haben jedoch unterschiedliche Konsequenzen.

Reform der Weltliquiditätsreserven

Erstens. Der Vorschlag, zur reinen *Goldwährung*[2] zurückzukehren, d. h., ausschließlich Gold als Weltgeld zu benutzen, ist

[1] Robert Triffin, Auflockerung der währungspolitischen Fronten, in: Neue Zürcher Zeitung, 23. 10. 1965.

[2] Die Hauptbefürworter einer Rückkehr zum Goldstandard sind neben Jaques Rueff Albert Hahn und Wilhelm Vocke. Die Konsequenzen einer

in der monopolkapitalistischen Phase ein undurchführbarer Anachronismus. Denn der Goldautomatismus kann nur funktionieren, wenn die Nationalstaaten auf wirtschaftspolitische Regulierung verzichten und sich den Anforderungen des Automatismus unterwerfen (Vgl. dazu S. 40 f.). Sie müßten folglich jede autonome Regulierung der Ökonomie zur Förderung des ökonomischen Wachstums unterlassen. Sie müßten vor allem alle Maßnahmen vermeiden, die zur Stärkung des Großkapitals und der damit verbundenen hierarchischen Abstufung der Profitraten[3] führen würden. Je mehr aber internationale Kapitalverflechtung innerhalb der entwickelten kapitalistischen Länder sich durchsetzt und je weniger der internationationale Kapital- und Warenverkehr durch den Mechanismus freier Konkurrenz geregelt wird, je stärker auch die Staaten unter dem Zwang des Prinzips der Ungleichzeitigkeit der Entwicklung stehen, d. h. die Position des eigenen nationalen Kapitals in der internationalen Konkurrenz aktiv stützen müssen, desto irrationaler würde vom Standpunkt des Monopolkapitals aus .die Rückkehr zu einem Automatismus, der gerade den staatlichen Regulierungsspielraum unzumutbar einengen würde. Zur Vermeidung von Weltwährungskrisen würde die Weltwirtschaftskrise ausgelöst.
Aber gegen die Rückkehr zum Goldautomatismus gibt es auch Argumente, die sich immanent im währungspolitischen Bereich bewegen.[4] Denn da die derzeitigen Goldbestände quantitativ

---

Rückkehr zum Goldstandard werden diskutiert im World Economic Survey der UNO, 1965, bei Robert Triffin, Gold and the Dollar Crisis, New Haven and London 1963, bei Franz Günnecker, Währungsmisere der Freien Welt, Stuttgart 1967. Ernest Mandel, Die EWG und die Konkurrenz Europa – Amerika, Frankfurt 1968, S. 73 schreibt sehr richtig: »Die Befürworter der reinen Goldwährung verhalten sich, als gäbe es nur Gold- und keine Überproduktionskrisen . . .« Claudio Di Toro, The Coming Monetary Crisis, in: International Socialist Journal, No. 25, Februar 1968, S. 136 schreibt: »Eine Rückkehr zum Goldstandard . . . ist offensichtlich absurd, da sie eine weltweite Krise und den Zusammenbruch des gesamten herkömmlichen Systems von Bretton Woods beinhalten würde . . .«

[3] Entsprechend der Monopoltheorie ist davon auszugehen, daß in einer monopolkapitalistischen Wirtschaft keine Tendenz zum Ausgleich der Profitraten wirksam ist, sondern vielmehr eine Tendenz zur hierarchischen Abstufung der Profitraten entsprechend dem Monopolisierungsgrad der einzelnen Wirtschaftszweige. Staatliche Wachstumsförderung beinhaltet dann notwendig die Förderung der Ökonomie auf der Basis der Profitratenhierarchie. Wenn dem nicht Rechnung getragen wird – und das wäre die Konsequenz einer Rückkehr zum Goldstandard und dessen Anforderungen – dann sind für die Volkswirtschaft Wachstumsverluste zu erwarten.

[4] Vgl. hierzu die Auseinandersetzung Robert Triffin, Die Währungsordnung des 20. Jahrhunderts und Michael A. Heilperin, Zurück zum Goldstandard,

nicht in der Lage sind, das gegenwärtige Welthandelsvolumen liquiditätstechnisch zu bewältigen, müßte mit jeder Rückkehr zum Goldstandard eine Erhöhung des Goldwertes erfolgen. Das Gold müßte gegenüber allen anderen Währungen aufgewertet werden. Bei einer Erhöhung des Goldpreises aber würde »die Liquidität schockartig gesteigert«[5] mit notwendigerweise inflationistischen Auswirkungen. Unter der Annahme, daß der Welthandel weiter stärker als die für Liquiditätszwecke verfügbare Goldmenge steigt, müßte außerdem in gewissen Zeiträumen die Goldaufwertung wiederholt werden.[6]

Zweitens. Der Vorschlag zur Schaffung einer *Weltzentralbank* mit einem »synthetischen Reservemedium«, ob es nun »Bancor« oder »Collectiv Reserve Unit (CRU)« oder »Mutual Currency Account (MCA)« heißt[7], hat aufgrund der kapitalistischen Interessenwidersprüche ebenfalls kaum eine Chance auf Realisierung. Eine gemeinsame Weltwährung, die durch einen kollektiven Akt geschaffen würde, erfordert eine gemeinsame Politik, die schlechterdings nicht zu erwarten ist. Robert Triffin zitiert den US-amerikanischen Unterstaatssekretär Roosa, der in darauf hinauslaufenden Plänen die utopische Absicht sieht, »eine Super-Zentralbank zu gründen, welche von allen Ländern der Welt die Abgabe ihrer jetzigen Währungsreserven gegen eine durch eine Super-Behörde eines nicht existierenden Super-Staates vorgenommene Notenemission verlangen würde.«[8] Zwar meint Triffin, daß ein solches Argument nur nationalistische Gefühle wecke – übersieht dabei aber die realen Interessenwidersprüche, die die Ursache für ihre nationalistische Perversionen sind. Eine Internationalisierung des Weltgeldes ist nur so weit möglich, wie die gemeinsamen Interessen der kapitalistischen Länder reichen. Die Konkurrenz zwischen den nationalen Einzelkapitalen und den Nationalstaaten insgesamt läßt die Bildung einer überimperialistischen Super-Zentralbank nicht zu, es

---

beide in: Inflation und Weltwährungsordnung, mit einem Geleitwort von Albert Hunold, Erlenbach-Zürich und Stuttgart 1963.

[5] Franz Günnicker, a. a. O., S. 119.

[6] Überdies würde eine Rückkehr zum Goldstandard gerade die Länder mit großen Goldreserven und die Goldproduzenten begünstigen. Das wäre neben Südafrika vor allem die Sowjetunion, so daß allein aus diesem Grunde eine Rückkehr zum Goldstandard kaum zu erwarten ist.

[7] Vgl. dazu Franz Günnicker, a. a. O., S. 110 ff.; Fritz Diwok, a. a. O., S. 215 ff.

[8] Zit. nach Robert Triffin, Die Währungsordnung des 20. Jahrhunderts, a. a. O., S. 163 f.

sei denn, diese gemeinsame Politik wird von der Supermacht der westlichen Welt, einem »ideellen Gesamtkapitalisten« im Weltmaßstab[5], den anderen Staaten oktroyiert. Das würde dann aber nichts anderes bedeuten, als daß die Super-Zentralbank ein US-amerikanisches Instrument zur Sicherung US-amerikanischer Interessen werden müßte. Hier wären jedoch die gleichen Widersprüche involviert, wie sie das gegenwärtige Währungssystem zu sprengen drohen: institutionalisierte Ungleichheit der kapitalistischen Staaten mittels des internationalen Währungssystems.
Durch eine Super-Zentralbank mit eigener Liquidität wäre der Dollar von seiner fatalen Bindung an das Gold befreit, die heute noch die Manipulationsbreite der USA begrenzt. Die Abkehr vom Gold-Dollar-Standard zum reinen Dollarstandard würde durch einen solchen Akt vollzogen. Die absolute und nicht nur relative Herrschaft des US-Kapitals mittels des Währungssystems würde befestigt. Der Dollar, dessen gegenwärtige Schwierigkeiten aus seiner Doppelfunktion als internationales Weltgeld und Kapital, das profitabel verwertet werden muß, resultieren, könnte unbeschwert als Kapital fungieren, ohne dadurch Dollarkrisen hervorzurufen. Daher ist zumindest heute nicht anzunehmen, daß Pläne dieser Art verwirklicht werden könnten. Die westeuropäischen Länder werden sich dem nicht unterwerfen. Überdies liegt eine solche Politik so lange nicht im US-amerikanischen Interesse, wie es möglich ist, durch kollektive Aktionen aller kapitalistischen Industriestaaten das Währungssystem Bretton Woods von Fall zu Fall noch zu stützen.
Drittens. Daher bleibt nur noch die Möglichkeit, innerhalb des gegebenen institutionellen Systems Verbesserungen anzubringen. Dem dienen die bereits dargestellten Maßnahmen zur Stützung des Weltgeldes Dollar durch Stützung des Goldpreises (Bildung des Goldpools), durch Erweiterung der Kreditfazilitäten auf weltweiter Ebene (Allgemeine Kreditvereinbarung, Swap-Abkommen), die Institutionalisierung von internationalen, koordinierenden Beratungsgremien (IWF, Zehnerclub), regionale Währungsabkommen (Europäisches Währungsabkommen EWA) und dergleichen mehr. Lediglich die im April 1968 beschlossenen,

---

[9] Der Begriff wird von Friedrich Engels im »Anti-Dühring« zur Kennzeichnung des »modernen Staates« verwendet, der zwar immer mehr an die Stelle der Einzelkapitalisten tritt, dadurch aber nicht etwa das Kapitalverhältnis aufhebt, sondern auf die Spitze treibt. Friedrich Engels, Herrn Eugen Dührings Umwandlung der Wissenschaft, Berlin 1959, S. 345.

jedoch noch nicht verwirklichten Sonderziehungsrechte (SZR) gehen über die Maßnahmen hinaus. (Vgl. S. 56.)
Die Diskussion über eine Reform der Weltliquiditätsreserven bewegt sich im Kreise. Sie findet nicht aus dem fundamentalen Widerspruch heraus, daß Weltgeld neutral gegenüber nationalstaatlichen Interessen sein muß oder die diversen nationalstaatlichen Interessen der Funktionsanforderung des Weltgeldes untergeordnet werden müssen. Das eine würde die Rückkehr zum Goldstandard als neutralem Weltgeld bedeuten mit den darin implizierten Konsequenzen, wie sie oben beschrieben worden sind; das andere würde Souveränitätsverluste bedeuten, d. h. Preisgabe eigenständiger nationalstaatlicher Interessen und dies in einer Zeit sich verschärfender Konkurrenz! Daher kann als sicher angenommen werden, daß weder die Rückkehr zum Goldstandard, noch die Einführung eines synthetischen, international geschaffenen Reservemediums, an dem alle wichtigen kapitalistischen Länder beteiligt sind, in absehbarer Zeit realisierbar ist. Die Entwicklung des Weltwährungssystems wird wie bisher, was die Größe, Verteilung, Struktur und Umlaufgeschwindigkeit der Weltliquidität anbelangt, von Flickwerk zu Flickwerk solange jedenfalls weitergehen, wie die Konkurrenz zwischen den hochentwickelten kapitalistischen Staaten die gemeinsamen Interessen aller kapitalistischen Staaten an einem funktionierenden Weltwährungssystem noch nicht gegenüber den isolierten nationalstaatlichen Interessen zum Zuge kommen läßt. Bezeichnenderweise ist jeder temporäre Ausbruch einer Währungskrise zugleich ein offener Konflikt zwischen Nationalstaaten im währungspolitischen Bereich, der bisher durch gemeinsame Aktionen der darin verwickelten Länder (in den jüngsten Währungskrisen: Frankreich, England, USA, BRD) zurückgedämmt werden konnte. Aus der bisherigen Analyse geht hervor, daß diese Möglichkeit nicht in alle Zukunft den kapitalistischen Ländern zur Verfügung steht und daß bei sich tendenziell verschärfender Konkurrenz auf dem Weltmarkt die Stunde der Wahrheit für das Weltwährungssystem kommen wird.

Korrektur der Wechselkurse

Die Einwände gegen Reformpläne der Weltliquiditätsreserven scheinen auf den – in Westdeutschland vor allem vom »Sachverständigenrat zur Begutachtung der gesamtwirtschaftlichen Entwicklung« vorgeschlagenen[10] – Übergang zu einem System flexibler Wechselkurse nicht zuzutreffen. Denn in einem solchen System würde das Zahlungsbilanzgleichgewicht über Anpassungsprozesse der Wechselkurse weitgehend unabhängig von der nationalstaatlichen Wirtschaftspolitik hergestellt werden können. Veränderungen im Binnenwert einer Währung – beispielsweise durch einen inflationistischen Prozeß allgemeiner Preissteigerungen – würden sich unmittelbar auf den Wechselkurs als Verringerung des Außenwertes der Währung auswirken. Flexible Wechselkurse würden wie ein Puffer zwischen Binnenwirtschaft und Weltwirtschaft geschaltet und könnten die Stöße von der Binnenwirtschaft auf die Weltwirtschaft und entsprechend umgekehrt auffangen.

Der Mechanismus dieser Anpassung mittels des Wechselkurses vollzieht sich in schematischer Form folgendermaßen: Steigen in einem Lande die Warenpreise stärker als in anderen Ländern, dann werden die Ausländer weniger Waren nachfragen und die einheimischen Importeure werden in größerem Umfang im Ausland kaufen. Die Exporte würden demnach ab- und die Importe zunehmen. Folglich würde die einheimische Währung in steigendem Maße auf den Devisenmärkten angeboten und fremde Devisen würden in größerer Menge nachgefragt. Eine Senkung des Wechselkurses der heimischen Währung (in fremder Währung ausgedrückt) wäre unvermeidlich, ebenso wie die Wechselkurse der in größerem Umfang nachgefragten Währungen (in heimischer Währung ausgedrückt) steigen würden. Die Verringerung des Binnenwertes der Währung drückt sich also bei flexiblen Kursen als Verringerung des Außenwertes der Währung (in fremden Währungen ausgedrückt) aus. Die steigenden Importe und die abnehmenden Exporte als Konsequenz einer solchen quasi-automatischen Abwertung erhöhen das binnenwirtschaftliche Warenangebot, verringern zugleich die umlaufende Geldmenge, so daß die objektiven Möglichkeiten für die Preisinflation unterlaufen werden.

Es nimmt natürlich niemand mehr an, daß dieser Prozeß in dieser reinen Form ablaufen könne. Dennoch wird aus diesem Mechanismus ein doppeltes Argument für flexible Kurse abgeleitet: (1) Flexible Kurse können die gröbsten Ungleichgewichte in den Wechselkursrelationen korrigieren, wie sie sich aufgrund der Un-

---

[10] Vgl. die JG 67/68 und JG 68/69.

gleichzeitigkeit der Entwicklung seit der generellen Festlegung der fixen Wechselkurse vor über 20 Jahren herausgebildet haben, und daher auch die »Verzerrungen« des internationalen Handels verringern.[11] (2) Da bei flexiblen Kursen die Zentralbanken nicht so häufig und in so großem Umfang mit ihren Reserven zur Kursstützung innerhalb der vom IWF gestatteten Margen intervenieren müßten, habe ein System flexibler Wechselkurse den großen Vorzug, mit weniger internationaler Liquidität auszukommen als ein System fixer Wechselkurse.[12]

Aber bereits aus den Überlegungen, die wir im ersten Kapitel anstellten, geht hervor, daß heutzutage nicht mehr die Preisunterschiede (komparative Kostenunterschiede) der Motor der Welthandelsentwicklung sind, sondern die monopolkapitalistisch und technologisch bedingten Diversifizierungs- und Spezialisierungsprozesse auf einem integrierten Weltmarkt. Daher ist prinzipiell die Wirksamkeit des Mechanismus' flexibler Wechselkurse in Frage zu stellen. Reagiert nämlich die Preisentwicklung der Waren auf Wechselkursänderungen nicht elastisch genug, dann treffen all die Argumente für Wechselkursflexibilität nicht mehr voll zu.[13] Aber darüber hinaus können gegen die Wechselkursflexibilität noch weitere, schwerwiegende Argumente vorgebracht werden.

(1) Destabilisierende Kapitalströme können genau gegen die Wechselkursänderungen wirken. »Zu solchen Bewegungen kommt es immer dann, wenn die Spekulanten bei einer Kursänderung

---

[11] Edgar Salin hat sich in der »Zeit« vom 23. Mai 1969 gegen eine DM-Aufwertung mit dem Argument gewandt, daß im Falle einer wirksamen Aufwertung die westdeutsche Industrie nicht mehr mit dem amerikanischen Kapital konkurrieren könne. Das beinhaltet jedoch, daß die westdeutsche Industrie derzeit nur wegen der »verzerrten« Kursrelationen wettbewerbsfähig ist und jede »Entzerrung« der Kursrelationen die Vormachtstellung der USA auf dem Weltmarkt stärken müsse. Salin schreibt: »Ich möchte gern hören, ob es irgendeine deutsche Exportindustrie gibt, die bei einer Aufwertung um 25 Prozent noch konkurrenzfähig wäre ...«

[12] Robert Triffin, Gold and the Dollar Crisis, New Haven and London 1963, S. 35: »Reserven müssen in einer unstabilen ökonomischen und politischen Umgebung höher als in einer Welt mit größerem politischem und ökonomischem Stabilitätsgrad sein.«

[13] Ein Beispiel für die Unwirksamkeit der Kursrelationen auf die Handelsbeziehungen ist das Außenwirtschaftsabsicherungsgesetz der BRD, das nach der Währungskrise vom November 1968 die westdeutschen Exporte erschweren sollte. Die Exporte sind – nach einer kurzfristigen Dämpfung – mit ähnlicher Dynamik gewachsen wie vor Erlaß des Gesetzes. Wechselkursänderungen können erst dann auf die Handelsströme wirken, wenn sie sehr groß sind.

eine weitere Kursänderung in der gleichen Richtung erwarten und dementsprechend bei einer Kursverschlechterung à la baisse und bei einer Kursverbesserung à la hausse spekulieren.«[14] Der Wechselkurs kommt schließlich nicht nur aufgrund von Warenhandelsgeschäften zustande, sondern auch aufgrund autonomer Kapitalbewegungen, die vom Waren- und Dienstleistungsverkehr unabhängig sind, die sich vielmehr nach dem Gefälle der Profitraten auf internationaler Ebene richten und daher genau wie in einem System fixer Wechselkurse den Widerspruch zwischen Währung als Währung und Währung als Kapital implizieren.[15] (2) Das Kursrisiko bei flexiblen Kursen beeinträchtigt den internationalen Kapital- und Warenverkehr. Denn auch durch kompensierende Termingeschäfte kann das Kursrisiko nicht voll ausgeschaltet werden, da einmal langfristige Kurssicherung (über drei Monate hinaus) durch Termingeschäfte kaum möglich ist und zum zweiten mit hohen Kosten verbunden ist. Dieses Argument gewinnt an Bedeutung mit der Tendenz zu längerfristigen Projekten und Abschlüssen, die aufgrund der Monopolisierungstendenz, der technologischen Entwicklung und der internationalen Kapitalverflechtung immer wichtiger werden. Bei der Kalkulation der Profitrate langfristiger Investitionen durch die großen Konzerne, insbesondere in forschungs- und kapitalintensiven Zweigen, müssen die langfristigen Weltmarktverhältnisse in Rechnung gestellt werden können. Das ist aber nur bei festen Kursverhältnissen möglich. (3) Durch die von Kursbewegungen relativ unabhängige Kapitalverkehrsbilanz können Auswirkungen auf den Wechselkurs erfolgen, die via Handelsbilanz auf den Außenhandel wirken und in der Binnenwirtschaft Anpassungsprozesse auslösen, die nicht aus der internationalen Warenkonkurrenz resultieren. (4) In Wirtschaftsblöcken wie der EWG ist ein Übergang zu flexiblen Kursen schlechterdings ohne desintegrative Konsequenzen nicht vorstell-

---

[14] Hans Joachim Jarchow, Die Problematik der gegenwärtigen internationalen Währungsordnung und die Möglichkeiten einer Umgestaltung, in: Beihefte der Konjunkturpolitik, Heft 14, Die internationalen Währungsprobleme in der Weltwirtschaft der Gegenwart, 1967, S. 35.

[15] Diese Überlegung hat von Stackelberg veranlaßt, zwischen ökonomischen und valutarischen Kapitalströmen zu unterscheiden, wobei die valutarischen Ströme dem monetären Gegenwert der Handelsströme entsprechen, die ökonomischen aber autonom dem internationalen Nettozins- und Risikogefälle folgen. Zum Nettozinsgefälle vgl. Helmut Lipfert, Einführung in die Währungspolitik, München 1964, S. 62 ff.

bar.[16] (5) In einem System von Reservewährungen dürften wenigstens die Reservewährungen keine flexiblen Kurse aufweisen, da durch Kursschwankungen ihre Reservefunktion zerstört würde. Oder aber, es müßten auch in einem System flexibler Kurse so große Liquiditätsreserven zur Kursstützung der Reservewährungen aufgewendet werden, daß die Vorteile flexibler Kurse aufgehoben, die Nachteile aber nicht verringert würden. Flexible Wechselkurse sind demnach ebenfalls keine Lösung für das gegenwärtige Währungsdilemma. Wie aber steht es mit einer *allgemeinen, einmaligen Korrektur der gegenwärtigen Kursrelationen* auf weltweiter Ebene ohne grundsätzliche Aufgabe fixer Kurse?[17] Eine allgemeine Kurskorrektur ist zwar möglich, jedoch kaum als eine international konzertierte Aktion der beteiligten Staaten. Das haben die beiden jüngsten *Spekulationskrisen* und die Diskussion um die DM-Aufwertung gezeigt: Jede Kurskorrektur impliziert nicht nur ökonomische, sondern auch politische Konsequenzen.[18] Eine Kurskorrektur, die alle Staaten gleicherweise begünstigt, kann wegen der widersprüchlichen Interessen nicht erreicht werden. Jeder Kompromiß aber birgt Spannungen und Stoff für neue Konflikte in Form von Währungs- oder Wirtschaftskrisen in sich. Eine Aufwertung der DM und eine Abwertung des Pfund Sterling, des Franc und evtl. des Dollar würde einerseits die westdeutsche exportierende Industrie stark treffen, andererseits die Reservefunktion des Dollar und die Funktion des Franc und des Pfundes als Handelswährungen schwächen, während die DM als Handelswährung gestärkt würde und evtl. als sekundäre Leitwährung an die Stelle des Pfund Sterling treten könnte. Die Konsequenzen einer solchen Verschiebung lassen sich aus den bisher angestellten Überlegungen ableiten: Solange die Stellung Westdeutschlands in der Weltwirtschaft nicht konsolidiert ist (durch ausreichende Direktinvestitionen im Ausland), wird Westdeutschland mit einer solchen Kurskorrektur sicherlich nicht einverstanden sein. Wenn ge-

---

16 Dieses Argument wurde erst jüngst auf der Jahreskonferenz des Bundesverbandes der Deutschen Industrie gegen ein System flexibler Kurse vorgebracht. Vgl. Süddeutsche Zeitung, 20. Juni 1969.

17 Westdeutsche Politiker, insbesondere F. J. Strauß, haben zur Verhinderung der DM-Aufwertung eine globale Kurskorrektur vorgeschlagen. Jedoch hatte dieser Vorschlag wohl nur taktischen Sinn, um dem Aufwertungsdruck zu begegnen und um Zeit zu gewinnen.

18 Die vielzitierte Bild-Zeitung-Schlagzeile: »Deutschland wieder Nr. 1 in Europa« verweist genau auf die politischen Implikationen der Wechselkurskorrektur bzw. der gegenwärtigen Kursrelationen.

nügend westdeutsche Produktionsstätten im Ausland errichtet sind, dann allerdings könnte eine Aufwertung dem westdeutschen Kapital nur recht sein, um mit einer gestärkten Währung mit Reservecharakter die Vorteile einer Reservewährung genießen zu können. Jedoch gibt es diesen »DM-Block« (analog dem Sterlingblock) noch nicht[19], und die kapitalistischen Konkurrenzländer werden sicherlich alles tun, um den Erfolg einer darauf zielenden westdeutschen Strategie zu verhindern. Wie soll bei diesen gegensätzlichen Interessen eine konzertierte Kurskorrektur zustandekommen, wenn die Durchsetzbarkeit der nationalstaatlichen Kapitalinteressen auch von der Kurshöhe abhängt? Viel eher ist vorstellbar, daß die allgemeine Wechselkurskorrektur als Ergebnis eines »Kampfes um die Kurse« zustandekommt, d. h. als Resultat eines »Wettlaufs um die Abwertung« wie er von nicht wenigen Währungspolitikern befürchtet wird. Eine allgemeine Wechselkurskorrektur wird wegen dieser Konsequenzen sicherlich so lange nicht stattfinden, wie die Weltwirtschaft expandiert und Währungskrisen nur zyklisch offen ausbrechen. In einer expandierenden Weltwirtschaft kann auch die Abwertung einer wichtigen Währung, wie des Pfundes im November 1967, verkraftet werden, ohne daß andere wichtige Währungen ebenfalls abgewertet werden, um die außenwirtschaftliche Konkurrenzfähigkeit der Warenexporteure zu erhalten. Wenn jedoch die Weltwirtschaft in eine Stagnationsphase übergehen sollte, d. h. in eine Wirtschaftskrise gerät, dann wird auch die allgemeine Kurskorrektur nicht ausbleiben; jedoch nicht als konzertierte Aktion, sondern als Kampf um die Kurse.

Von der Weltwährungs- zur Weltwirtschaftskrise?

Krisen im Kapitalismus sind der Ausdruck für das im Verlauf der Entwicklung während der Aufschwungphase gestörte Gleichgewicht in der nationalen und internationalen Ökonomie. Die

[19] Ein »DM-Block« kann nur durch imperialistische Politik hergestellt werden. Es fehlt nicht an Versuchen, in Afrika und Lateinamerika Fuß zu fassen. Um eine Rolle wie ehemals der Sterling-Block spielen zu können, müßte Westdeutschland allerdings die anderen hochentwickelten kapitalistischen Länder so sehr zurückdrängen, daß die Chancen für eine solche Politik nicht sehr hoch eingeschätzt werden können. Das bedeutet jedoch nicht, daß nicht nur ökonomisch-politischer Kampf zwischen den hochentwickelten kapitalistischen Staaten um Einflußsphären geführt wird.

Überproduktionskrise entsteht aufgrund der wachsenden Divergenz zwischen kapitalistischer Produktionskraft und der Konsumtionskraft der Massen. Ihre Indikatoren sind: abnehmende Auslastung der Produktionskapaztiäten, zurückgehende Bestellungen in der Produktionsmittel erzeugenden Industrie, verschärfte Konkurrenz, die allerdings aufgrund oligopolisischer Marktstrukturen nicht zu Preissenkungen zu führen braucht, in der ersten Phase noch steigende Löhne, die als Kostenfaktoren auf die schon abnehmenden Profite drücken, Rückgang der Beschäftigung und schließlich Rückgang der Wachstumsraten des Sozialprodukts. Die Krise hat innerhalb der zyklischen Entwicklung des Kapitalismus die Funktion, das gestörte Gleichgewicht in der Ökonomie immer wieder herzustellen, also als Korrektiv der kapitalistischen »Fehlentwicklungen« immer wieder die Verwertungsbedingungen des Kapitals zu erneuern. Die Überproduktionskrise sorgt durch Entwertung des vorhandenen Kapitals (durch Preisfall, vorzeitige Abschreibungen) oder durch Destruktion von Kapital (Vernichtung von Lagerbeständen, um die Preise zu halten – eine Methode, die nicht nur während der großen Weltwirtschaftskrise Bedeutung erlangt hat, sondern auch heute eine entscheidende Rolle spielt!) und durch Senkung der Lohnkosten pro Produkteinheit als Folge der steigenden Arbeitslosigkeit dafür, daß die Relation zwischen dem vom Kapitalisten vorzuschießenden Kapital und den zu erzielenden Profiten (Profitrate) wieder auf ein solches Niveau gebracht wird, daß die »ökonomischen Aktivitäten« anlaufen.[20] Die Krise stellt das gestörte Gleichgewicht demnach nur dann wieder her, wenn sie sich als *Produktionskrise* austobt; denn nur in diesem Falle werden die Ursachen der Krise, der Widerspruch zwischen steigender Produktionskraft und der nicht gleichermaßen steigenden Konsumtionskraft, in ein neues, vorübergehendes Gleichgewicht gebracht.

Genau dies aber kann die Weltwährungskrise nicht leisten. Ihre

[20] Zur Krisentheorie vgl. Eugen Varga, Die Krise des Kapitalismus und ihre politischen Folgen, Frankfurt 1969 und Natalie Moszkowska, Zur Kritik moderner Krisentheorien, Prag 1935 sowie Paul M. Sweezy, Theorie der kapitalistischen Entwicklung, Köln 1959. Die Rolle der Profitrate als Führungsgröße der ökonomischen Entwicklung im Kapitalismus kommt sehr deutlich in dem von Wirtschaftsminister Schiller benutzten Zitat des Lord Beveridge zum Ausdruck, daß »die Pferde zur Tränke geführt werden müssen . . .«, d. h. den Unternehmern Mittel zugeführt werden müssen, um ihre Investitionsneigung und -fähigkeit anzukurbeln.

Permanenz indiziert wohl die erschwerten Bedingungen der Kapitalverwertung der hochentwickelten kapitalistischen Länder, sie zeigt wohl die verschärften Konkurrenzbedingungen auf dem Weltmarkt, aber die Währungskrise selbst ist nicht in der Lage, das von ihr indizierte gestörte Gleichgewicht wiederherzustellen. Im Gegenteil stellen die verschiedenen Versuche, wie sie bisher diskutiert worden sind, Maßnahmen dar, die Krise als Korrektiv kapitalistischer »Fehlentwicklungen« auszuschalten. Sie können aber eines nicht leisten: nämlich die Krise als Korrektiv durch ein anderes Korrektiv zu ersetzen.

Hier offenbart sich ein allgemeinerer Zusammenhang, der die Wirtschaftspolitik der hochentwickelten Staaten insgesamt betrifft. Während auf der einen Seite vorrangiges Ziel staatlicher Wirtschaftspolitik die Sicherung und Verteidigung von Vollbeschäftigung, Preisniveaustabilität und Zahlungsbilanzgleichgewicht, bei stetigem Wirtschaftswachstum und evtl. noch »gerechter« Einkommens- und Vermögensverteilung (»magisches« Dreieck, Viereck oder Fünfeck, je nachdem) darstellt, wird auf der anderen Seite der Regulator kapitalistischer Entwicklung, nämlich die Kapital destruierende und eine lohndrückende Arbeitslosenreserve freisetzende Krise, in seiner Funktionsfähigkeit beschnitten. Indem der Staat versucht, Krisen zu vermeiden, erlangt Politik tatsächlich – wie Habermas beschreibt[21] – den eigentümlich negativen Charakter als »Politik der Vermeidungsimperative«. Aber mit dieser Qualifizierung ist die Wirtschaftspolitik nicht voll umschrieben. Denn da mit der Krisenverhinderung der wichtigste Regulator des kapitalistischen Entwicklungsprozesses außer Kraft gesetzt wird, der Prozeß sich also »unreguliert« vollziehen und gerade aus diesem Grunde Krisen hervorrufen müßte, versucht der Staat zugleich die positive Aufgabe der Regulierung durch Substitution des durch seine negative Vermeidungsstrategie intentional außer Kraft gesetzten Krisenregulators zu übernehmen.[22]

Was hier zur Aufgabe des Staates in einer Nationalwirtschaft gesagt wurde, gilt auch für die Weltwirtschaft, jedoch mit durch-

---

[21] Jürgen Habermas, Technik und Wissenschaft als »Ideologie«, Frankfurt/M. 1968. Habermas bezieht sich hier auf ein Papier von Claus Offe u. a., das dem Soziologentag 1968 unterbreitet wurde.

[22] Ausführlicher zu diesem Komplex, insbesondere in bezug auf die sozialen und politischen Konsequenzen: Elmar Altvater und Christel Neusüss, Politische Ökonomie und ökonomische Politik in der BRD, erscheint demnächst im »Sozialwissenschaftlichen Lexikon«, Frankfurt/M. 1969.

aus unterschiedlichen Konsequenzen. Von der institutionellen Organisation einer Nationalwirtschaft wäre es durchaus vorstellbar, daß der Staat als »ideeller Gesamtkapitalist« die Regulierungsfunktionen der ökonomischen Krise durch eigene Aktivitäten substituiert.[23] Aber gerade diese institutionelle Struktur der Weltwirtschaft mit einem superstaatlichen Regulierungsinstrument existiert nicht und wird auch in nächster Zukunft nicht existieren. Daraus ergibt sich aber, daß auf weltwirtschaftlicher Ebene überhaupt keine Chance besteht, die *negative* Krisenvermeidungsstrategie, wie sie sich in den Maßnahmen zur Behebung der Weltwährungskrise andeutet, durch eine *positive* Regulierungsstrategie zu komplettieren, um das Korrektiv der Weltwirtschaftskrise zu substituieren. Die Widersprüche in der Weltwirtschaft werden zwar durch die Vermeidungsstrategie der Bekämpfung der Weltwährungskrise zeitweise unter der Oberfläche gehalten, nicht aber regulierend ausgetragen. Sie werden hervorbrechen, wenn die globalen Wachstumsraten der Weltproduktion und des Welthandels sich auf ein zu erwartendes niedrigeres Niveau als in vergangenen Jahren einspielen.
Die Problematik für den Kapitalismus besteht vor allem darin, daß Wirtschaftskrisen als nationalstaatliche Wirtschaftskrisen behandelt werden müssen. Die Krise bringt an den Tag, daß der Weltkapitalismus auch heute noch – trotz internationaler Organisierung in Wirtschaftsblöcken, durch Abkommen usw. – wesentlich aus miteinander konkurrierenden Nationalstaaten besteht. Das neokeynesianische wirtschaftspolitische Instrumentarium, mit dem die Nationalstaaten versuchen, ihre Volkswirtschaft antizyklisch[24] zu regulieren, ist prinzipiell nicht dazu geeignet, die »außenwirtschaftliche Flanke« abzusichern.[25] Krisen-

---

[23] Es sei angemerkt, daß es sich hier *nur* um die *institutionelle Organisation* handelt. Von der Funktionsweise, den Bewegungsgesetzen der kapitalistischen Ökonomie aus betrachtet, müssen auch gegenüber den Erfolgsaussichten der nationalstaatlichen Regulierungsanstrengungen Bedenken angemeldet werden.

[24] Die Antizyklizität der Wirtschaftspolitik besagt bereits, daß der Staat den Zyklus selbst gar nicht in den Griff bekommen kann; er kann lediglich gegensteuern, ist dabei aber der zyklischen Bewegung in den Verästelungen nicht nur seiner Wirtschaftspolitik unterworfen.

[25] Die permanente Forderung Schillers geht in diese Richtung. Während er noch kurz nach der Bildung der großen Koalition davon sprach, durch internationale Kooperation die Wirtschaftspolitik der kapitalistischen Nationalstaaten aufeinander abzustimmen, fordert Schiller heute nur noch eine Kurskorrektur (DM-Aufwertung) zur Absicherung der »außenwirtschaftlichen Flanke«.

momente im Kapitalismus werden »externalisiert«, indem etwa staatliche Investitionsförderungen bei verengtem innerem Markt die Industrie dazu zwingen, auf den Weltmarkt zu drängen und die kapitalistischen Konkurrenzländer in Schwierigkeiten zu bringen. Auf diese Weise werden ökonomische Rezessionen – noch unter dem Prinzip der Ungleichzeitigkeit der Entwicklung – durch die staatliche Vermeidungsstrategie gerade nach außen geschafft und zu Problemen der Weltwirtschaft eskaliert. Dieser nahezu zwanghafte Mechanismus entfaltet eine eigene Dynamik, da mit der wachsenden Abhängigkeit der Volkswirtschaften vom Export im Fall wirtschaftlicher Rezessionen die Überwindungsstrategie gerade auch die Förderung der Exporte beinhalten muß. Wenn nun eine schärfere Rezession nicht nur in einem Lande sondern in mehreren wichtigen kapitalistischen Staaten gleichzeitig eintritt, dann wird gerade eine etwaige Strategie der direkten oder indirekten Exportförderung den Weltmarkt als Faktor möglicher Krisenüberwindung ausschalten. Wenn im Jahre 1966/67 nicht nur Westdeutschland, sondern auch andere kapitalistische Staaten sich in einer Rezession befunden hätten und auf die gleiche Art und Weise wie Westdeutschland versucht hätten, diese Rezession zu überwinden, nämlich durch Steigerung des Außenhandelsüberschusses, dann wäre erstens die schnelle Überwindung der westdeutschen Rezession sicherlich nicht gelungen und dann wären zweitens noch schärfere Währungskrisen als im November 1968 und im Mai 1969 eingetreten.

Jedoch haben solche und ähnliche »Wenn-Dann-Aussagen« nur den Zweck, um an ihnen die Möglichkeiten und Grenzen staatlicher Krisenregulierung im nationalstaatlichen und internationalen Maßstab zu exemplifizieren: Auch die keynesianische »moderne« Wirtschaftspolitik ist nicht in der Lage, die kapitalistische Ökonomie krisenfrei zu regulieren, da sie nicht die Funktion der Krise als Korrektiv für »Fehlentwicklungen« zu ersetzen vermag. Die kapitalistische Tendenz zur Überproduktion wirkt nicht nur auf nationalstaatlicher Ebene, sondern auch im Weltmaßstab. Einige Indizien für diese Tendenz sind im Verlauf der bisherigen Ausführungen angegeben worden. Der Kapitalismus wird mit dieser »Fehlentwicklung«, die aber notwendiges Ergebnis kapitalistischer Dynamik ist, im Weltmaßstab noch weniger fertig werden als auf nationalstaatlicher Ebene. Vielmehr zwingt gerade die Konkurrenz der Einzelkapitale und der Nationalstaaten, untereinander immer mehr Kapazitäten zu errichten, in immer größerem Umfang auf den Weltmarkt zu drängen, durch Kapitalexport sich überall in der Welt festzusetzen und Absatzgebiete, Marktanteile zu behaupten und zu erweitern, so daß gerade dadurch die Profite so sehr gedrückt werden, daß nur noch die Krise mit ihren bereits beschriebenen Funktionen die verschärften Widersprüche gewaltsam lösen kann. Noch ergibt sich »eine konjunkturelle Großwetterlage, die ... als überwiegend heiter empfunden werden wird. Die Gewitterfront, die sich aufbaut, wird die Bevölkerung vielleicht noch nicht bemerken. Das Bild *kann sich jedoch schnell* ändern ...«[26] Wenn die Krise im Gegensatz zu der Entwicklung der vergangenen 20 Jahren nicht mehr nur ein Land trifft und die anderen verschont, sondern in mehreren Ländern gleichzeitig eintritt, dann wird sich auch das Problem der Krisenüberwindung nicht mehr so einfach stellen, wie es im Verlauf der jüngsten westdeutschen Rezession noch schien. Vor allem ist zu erwarten, daß dem labilen System des Golddevisenstandards dadurch ein solcher Stoß versetzt wird, daß über einen Zusammenbruch des Weltwährungssystems auch die expansiven Impulse des Weltmarktes, d. h. die Vorbedingung für eine schnelle Überwindung rezessiver Tendenzen, unmöglich gemacht werden.

[26] JG 68/69, Ziff. 282.

Glossarium

Die wenigen hier aufgeführten Begriffe sind nur stichwortartig erklärt. Der Sinn des Glossariums besteht lediglich darin, dem Leser eine kleine Hilfe beim Studium des Textes zu geben. Die Operation mit vielen Begriffen setzt eine theoretische Auseinandersetzung mit ihnen voraus, die an dieser Stelle natürlich nicht geleistet werden kann. So beschränken sich die Kurzerläuterungen hauptsächlich auf formale Definitionen und Zusammenhänge.

Autarkie

(griech.: Selbstgenügsamkeit). Ein Land treibt Autarkiepolitik, wenn es versucht, in Produktion und Konsumtion unabhängig von anderen Ländern zu werden. Mittel der A.politik sind prohibitive Zölle, Warenkontingente, direkte Ein- und Ausfuhrverbote, Devisenbewirtschaftung. Ziel der A.politik ist die Unabhängigkeit von ausländischen Waren und die Verwendung inländischer Produkte als Ersatz für Auslandswaren. A.politik wird immer dann betrieben, wenn entweder das inländische Kapital auf dem offenen Weltmarkt nicht konkurrenzfähig ist, daher keine Devisen zur Bezahlung von Importen zur Verfügung stehen und folglich Surrogate produziert werden müssen, oder wenn – wie nach 1933 im faschistischen Deutschland – eine einheimische industrielle Basis (Chemie, synthetisches Benzin usw.) geschaffen werden soll, um im Falle eines Angriffskrieges unabhängig von ausländischen Rohstoffen zu sein. A.politik führt immer zu einer Schrumpfung des Welthandels, d. h. sie beeinflußt auch andere nicht A.politik treibende Länder, und führt zu Wohlstandsverlusten, die regelmäßig von den Massen zu tragen sind.

Devisen

Alle Ansprüche auf Zahlungen in fremder Währung an einem ausländischen Platz. Solche Ansprüche haben die Rechtsform von Guthaben bei ausländischen Banken sowie von auf fremde Währung lautende, im Ausland zahlbare Wechsel und Schecks und von telegraphischen Auszahlungen. Die telegraphische Überweisung findet deshalb so weite Verbreitung, weil Verrechnungen in sehr kurzer Frist erfolgen müssen, um die Kursverluste zu verringern. Von *D.bewirtschaftung* spricht man, wenn Kauf und Verkauf von D. sowie andere Währungsgeschäfte (etwa mit Gold) einer staatlichen Kontrolle unterliegen. D.bewirtschaftung hat den Zweck, den Wechselkurs der einheimischen Währung zu stützen, Zahlungsbildanzdefizite zu verringern oder auch nur bestimmte Waren- oder Kapitalgeschäfte zu unterbinden oder zu kontrollieren. Von *D. zwangswirtschaft* spricht man, wenn der gesamte D.verkehr staatlich reguliert wird. D.bewirtschaftung steht im Gegensatz zur *Konvertibilität der Währung*. Die *D.reserve* eines Landes besteht aus allen internationalen liquiden Zahlungsmitteln, die sich in der Volkswirtschaft befinden: Gold, Noten, Wechsel, kurzfristig fällige Guthaben bei ausländischen Banken, Verrechnungsguthaben. Der Wert der Devisenreserven in einheimischer Währung ausgedrückt bestimmt sich nach dem *D.kurs,* dem Preis der Währungseinheit eines Landes, ausgedrückt in Währungseinheiten anderer Länder. Der Kurs stellt sich nach Angebot und Nachfrage innerhalb der Schwankungsbreite an der D.börse fest.

Giralgeld

Geld des bargeldlosen Zahlungsverkehrs, d. h. die dem Zahlungsverkehr dienenden Guthaben bei Banken. Über die Guthaben kann per Wechsel oder Scheck verfügt werden und sie können jederzeit in Bargeld umgetauscht werden. Giralgeld entsteht entweder durch Bargeldeinzahlung oder Kreditgewährung. Die zweite Form der Entstehung von Giralgeld wird als *Giralgeldschöpfung* bezeichnet, da nun zusätzliches Geld als Zahlungsmittel im Geldkreislauf geschaffen wird. Im internationalen Zahlungsverkehr spielt Giralgeld die entscheidende Rolle in Form von Kontenübertragung zwischen Banken verschiedener Länder.

Inflation

Erhöhung der Geldmenge oder Steigerung des Geldumlaufs in stärkerem Maße als für den Warenumlauf notwendig ist. Die Folge ist eine Entwertung des Geldes, d. h. eine Tendenz steigender Preise. Wenn die Geldentwertung sehr schnell erfolgt, spricht man von *galoppierender* oder *Hyperinflation*; sonst von *schleichender Inflation.*
Als *säkulare Inflation* wird die Tendenz im Monopolkapitalismus bezeichnet, daß bei steigender Produktivität, d. h. ständig sinkenden Produktionskosten dennoch nicht die Preise sinken. Die Ursache der Inflation ist vor allem in der wachsenden Staatstätigkeit, die sich wegen der autonomen Unternehmerverfügung über den Produktionsapparat auf Eingriffe im Geldkreislauf konzentrieren muß, und in der oligopolistischen Struktur des Wettbewerbs zu suchen. Wenn die Inflationstendenzen in der Weltwirtschaft ungleichmäßig erfolgen, dann sorgt der Welthandel dafür, daß die Länder mit relativ stärker steigendem Preisniveau verstärkt importieren und die Länder mit relativ geringer steigendem Preisniveau verstärkt exportieren. Dadurch werden die Inflationsraten in den einzelnen Ländern angeglichen (*»importierte Inflation«*).

Kapitalexport

Anlage von Kapital im Ausland. Der Kapitalexport erfolgt in zwei Hauptformen: 1. *als Portfolioinvestition*, also als Anlage in ausländischen festverzinslichen Wertpapieren (Anleihen) und in Aktien, soweit damit keine Unternehmenskontrolle verbunden ist, sowie als langfristige Bankforderungen an das Ausland und 2. als *Direktinvestition,* also als langfristige Kapitalanlage im Ausland zur Gründung. Erweiterung oder Übernahme ausländischer Unternehmen. Kapitalexport wird von Lenin als eine der wesentlichsten ökonomischen Grundlagen des Imperialismus bezeichnet. Nach Baran und Sweezy dient Kapitalexport vor allem der Absorption des Surplus, d. h. letztlich der Steigerung der Profitrate. Der Zweck des Kapitalexports besteht einmal in direkter Ausbeutung vor allem schwach entwickelter Rohstoffländer, zum anderen der Erschließung von Warenmärkten. So führt Kapitalexport notwendigerweise zur verstärkten Integration der hochindustrialisierten kapitalistischen Länder einerseits, er hat aber andererseits langfristig die Verschärfung der Konkurrenz auf den Weltmärkten zum Ergebnis.

Komparative Kosten

Von David Ricardo aufgestelltes Gesetz, nach dem zwischen zwei Ländern auch dann Handel vorteilhaft ist, wenn das eine Land alle Waren mit geringeren Kosten als das andere Land produzieren kann. Denn entscheidend sind die komparativen Kostenunterschiede. Ist das Land A dem Land B in der Produktion von Käse um 10 Prozent überlegen und sind die Produktionskosten des Landes A bei der Produktion von elektronischen Tischrechnern um 30 Prozent niedriger als in B, dann wird Land A elektronische Tischrechner produzieren und Land B Käse. Denn schließlich ist es für A günstig, Arbeitskräfte aus der Käseproduktion zur Produktion von elektronischen Tischrechnern umzuleiten. Die Theorie setzt also volle Konkurrenz, volle Faktorenmobilität voraus und so dient die Theorie auch zur Begründung von Freihandel auf den Weltmärkten und von Wettbewerb im Inland. Historisches Beispiel, das auch von Ricardo angeführt wird, ist der Methuen-Vertrag zwischen Portugal und England aus dem Jahre 1703 über den Austausch von Wein und Tuch.

Konvertibilität

Das Recht, eine Währung frei und unbeschränkt zu einem festen Verhältnis bei der heimischen Zentralbank gegen andere Währungen und Gold einzutauschen. Diese *volle* K. kann aber Einschränkungen erfahren; man spricht dann von *beschränkter* K. Die Beschränkungen können sich auf die einzutauschenden Währungen beziehen (die eigene Währung kann nur in einige, nicht in alle Währungen frei umgetauscht werden); auf die einzutauschende Menge (Konvertierbarkeit nur bis zu einer bestimmten Höchstgrenze); auf den Verwendungszweck (Devisen gibt es nur bestimmte, nicht für alle Geschäfte); auf die Staatsangehörigkeit. Die Konvertibilität der Währungen ist eine wichtige Voraussetzung für den Aufschwung des Welthandels. Die Währungskonvertibilität ist nur möglich, wenn die einzelnen Länder ausreichende Devisenreserven zur Verfügung haben, um kurzfristige Schwankungen von Angebot und Nachfrage nach eigener Währung ausgleichen zu können. Bei *»fundamentalen Zahlungsbilanzungleichgewichten«* ist es zur Erhaltung der Konvertibilität notwendig, Währungen auf- bzw. abzuwerten oder inflationäre bzw. deflationäre Prozesse im Inland zuzulassen.

Profitrate

Profit ist das Einkommen, das der Kapitalist aufgrund der Anwendung seines Kapitals im Produktions- (Verwertungs)prozeß bezieht. Profit ist die verwandelte Form des *Mehrwerts.* Für den Einzelkapitalisten erscheint der Profit als Differenz zwischen dem Erlös für seine verkauften Waren und deren Produktionskosten. Der Profit bezogen auf das eingesetzte Kapital ist die Profitrate. Unter Konkurrenzbedingungen wirkt in der Volkswirtschaft das *Gesetz des Ausgleichs der Profitraten,* da für den Kapitalisten nicht die absolute Masse des Profits, sondern die Profitrate in seinen Produktionsentscheidungen maßgebend ist. Unter monopolkapitalistischen Verhältnissen sind die Möglichkeiten, in Wirtschaftszweigen mit hohen Profitraten zu investieren und dadurch die Profitrate letztlich auf den Durchschnitt zu senken, begrenzt, so daß hier eine *Tendenz der Hierarchisierung der Profitraten* wirksam ist. Dabei ist davon auszugehen, daß die Wirtschaftszweige mit höchstem Monopolgrad die höchsten und diejenigen Wirtschaftszweige mit geringem Monopolgrad die niedrigsten Profitraten aufweisen. Die Produktionsentscheidungen des fungierenden Kapitalisten richten sich dann nicht mehr nach einer einheitlichen *Durchschnittsprofitrate,* sondern nach *»branchenüblichen« Profitraten.* Für die staatliche Regulierung des Monopolkapitalismus ist diese Entwicklung insofern von Bedeutung, als staatliche Anreizsysteme zur Aufrechterhaltung der Reproduktionsbedingungen sich an der Hierarchie der Profitraten auszurichten haben.

Reservewährung

Währung(en), in der (denen) der größte Teil des Welthandels abgewickelt wird und die von den nationalen Zentralbanken vorzugsweise als Devisenreserve gehalten wird (werden). Reservewährungen müssen »harte« Währungen sein, um ihre Reservefunktion behaupten zu können, d. h. jederzeit in Gold umtauschbar und in ihrer Kaufkraft stabil sein. *Leitwährungs*charakter haben Reservewährungen dann, wenn andere Währungen ihren Wechselkurs auf die Leitwährung beziehen. Nach dem zweiten Weltkrieg ist der US-Dollar sowohl zur Leit- als auch zur Reservewährung geworden. Die Bestände der Reservewährung im Ausland stellen *internationale Liquidität* dar.

Rezession

Ein Begriff aus der angelsächsischen Konjunkturlehre, der den Wendepunkt und die Abschwungphase des konjunkturellen Zyklus umfaßt. Im herrschenden Sprachgebrauch bezeichnet Rezession eine leichtere Wirtschaftskrise. Der Begriff Rezession wird von uns jedoch nur angewendet für den Zeitraum der *Krise*, d. h. des oberen konjunkturellen Wendepunkts nach dem konjunkturellen Aufschwung, und des nachfolgenden Abschwungs, sofern er nicht den Charakter der *Depression*, sondern der *Stagnation* hat. Die Rezession ist also die Phase des Konjunkturzyklus von Krise und Abschwung bis zum unteren Wendepunkt, wenn die Konjunkturbewegung aufgrund günstiger Umstände keine scharfen und langdauernden Rückgänge aufweist.

Sozialprodukt

Es umfaßt die Gesamtheit aller in einem Jahr produzierten Waren (Güter und Dienstleistungen) einer Volkswirtschaft. Wenn man von diesem (Brutto)wert die Abschreibungen, d. h. den Wert der Produktionsmittel, die bei der Erzeugung des Sozialprodukts verbraucht wurden, abzieht, dann erhält man das *Nettosozialprodukt zu Marktpreisen*. Davon müssen die indirekten Steuern abgezogen, die Subventionen aber hinzugefügt werden und man erhält das *Nettosozialprodukt zu Faktorkosten* oder das *Volkseinkommen*, d. h. die Gesamtheit aller Einkünfte aus Profiten bzw. Lohnarbeit (oder im Jargon der Statistik: aus selbständiger und unselbständiger Arbeit.) Das Sozialprodukt kann nun nach seiner *Entstehung* (in welchen Wirtschaftsbereichen?), seiner *Verteilung* (Wer bezieht die Einkommen?) und seiner *Verwendung* (Wofür wird das SP verausgabt?) gegliedert werden. Wenn das Sozialprodukt zu zwei verschiedenen Zeitpunkten für ein Land verglichen werden soll, dann ist es notwendig, die Preisentwicklung auszuklammern. Bei Bewertung des Sozialprodukts zu jeweiligen Preisen spricht man daher vom *nominalen*, bei Ausklammerung der Preisentwicklungen spricht man vom *realen* SP.

Spekulation

Handelsgeschäfte, die auf schnelle Profiterzielung aufgrund bloßer Preisveränderungen abzielen. Darunter fallen: die Ausnutzung von Preisunterschieden an verschiedenen Orten, die Ausnutzung von Preisunterschieden zu verschiedenen Zeiten. Grundprinzip dabei ist: billiger Einkauf und möglichst teurer Verkauf, ohne daß der entsprechenden Ware ein Wert hinzugesetzt wird. Die in Spekulationsgeschäften angewandte Arbeitskraft ist demnach unproduktiv. Insbesondere die *Warenspekulation* in Mangelsituationen kann versuchen, die Preisunterschiede als Basis ihrer Geschäfte künstlich hervorzurufen, indem Waren gehortet und verknappt werden, um sie bei steigenden Preisen dann auf den Markt zu werfen.
Bei der *Währungsspekulation* handelt es sich um Geschäfte, die zeitliche Kursunterschiede ausnutzen. Wenn die Wechselkurse aber fixiert sind, dann können durch *Termingeschäfte* Wechselkursrisiken weitgehend ausgeschaltet, d. h. die Spekulationsgewinne verhindert werden. So tritt die Währungsspekulation bedeutsam vor allem auf den Plan, wenn offizielle Wechselkursänderungen durch Abwertung oder / und Aufwertung erwartet werden.

Wechselkurs

Der für ausländische Währungen am Devisenmarkt in inländischer Währung zu zahlende Preis. Wenn der Preis vom Staat (etwa aufgrund internationaler Abmachungen) oder der Zentralbank fixiert wird, spricht man von *fixen* Wechselkursen; richtet sich der Preis nach Angebot und Nachfrage der Devisen, so spricht man von *flexiblem* Wechselkurs. Bei fixen Kursen entsteht das Problem des Ausgleichs der Zahlungsbilanz, da nicht durch Wechselkursänderungen Nachfrage und Angebot von Devisen korrigiert werden; bei flexiblen W-kursen entsteht das Problem der Desintegration auf den internationalen Warenmärkten.

Weltgeld

Geld, das den Welthandelstransaktionen als Zahlungsmittel dienen kann. Dazu sind nationale Zahlungsmittel (Papiergeld) nicht geeignet, wohl aber das »neutrale« *Gold*, das unabhängig von nationalstaatlicher Manipulierung als Zahlungsmittel dienen kann und in »gleichgültiger Barrenform« unabhängig von nationalstaatlichen Grenzen als Geld fungieren kann. Nach dem zweiten Weltkrieg hat auch der US-Dollar Weltgeldfunktionen übernommen. Jedoch war der Dollar dazu nur in der Lage, weil er jederzeit in Gold konvertierbar war. Als die *Goldkonvertibilität* materiell nicht mehr gesichert war, geriet der Dollar als Weltgeld auch prompt in Krisen. Die Weltgeldfunktion des Dollar war demnach vom Gold »entliehen«. Die Schaffung von Geld durch internationale Institutionen (IWF) in Form von »Sonderziehungsrechten« (SZR) bedeutet zwar die Schaffung von Weltgeld. Es ist jedoch nicht unabhängig von nationalstaatlicher Manipulation, sondern das Ergebnis eines gemeinsamen Beschlusses vieler Nationalstaaten; es verliert demnach seine Weltgeldfunktion in dem Maße, wie einzelne Nationalstaaten diesen Entschluß widerrufen.

Weltmarkt

Gesamtheit der nationalen Märkte, die über den Außenhandel miteinander verknüpft sind. Vom nationalen Kapital aus betrachtet ist der Weltmarkt mit Ausnahme des eigenen nationalen Marktes *äußerer Markt*, während der nationale Markt *innerer Markt* ist. Die Schaffung des Weltmarktes ist eine kapitalistische Errungenschaft bereits aus dem 16. Jahrhundert. Auf dem Weltmarkt herrschen die gleichen Prinzipien wie auf den nationalen Märkten: gleicher und ungleicher Austausch, Konkurrenz. Dabei besteht aber der Unterschied, daß Konkurrenz auf dem Weltmarkt nicht nur Konkurrenz zwischen einzelnen Unternehmen, sondern zwischen den nationalen Kapitalen verschiedener Staaten ist, die daher auch durch das Dazwischentreten der Nationalstaaten vermittelt wird. Die Herausbildung des Weltmarktes heute geschieht daher in starkem Maße durch organisiertes Eingreifen der Nationalstaaten. Die verschiedenen *Welthandelsabkommen*, etwa das Allgemeine Zoll- und Handelsabkommen (GATT), die Un-Handelskonferenz (UNCTAD) und die Kennedy-Runde sind Versuche, den Weltmarkt staatlich zu regulieren.

Zahlungsbilanz

Gegenüberstellung aller außerwirtschaftlichen Transaktionen eines Landes in einem bestimmten Zeitraum. Entsprechend der Art der Transaktionen wird die Z. gegliedert in die *Warenhandelsbilanz* (Gegenüberstellung der Warenexporte und -importe), die *Dienstleistungsbilanz* (Gegenüberstellung aller Dienstleistungstransaktionen), die zur *Leistungsbilanz* zusammengefaßt werden, die *Kapitalbilanz* (lang- und kurzfristiger Kapitalverkehr), die *Bilanz der unentgeltlichen Leistungen* (Schenkungen, Wiedergutmachungen usw.) und die *Devisenbilanz* (Veränderungen des Devisen- und Goldbestandes der Zentralbank). Im Falle eines Exportüberschusses in der Leistungsbilanz spricht man von *aktiver*, im Falle eines Importüberschusses von *passiver* Z. Die *Grundzahlungsbilanz* enthält nur die Salden der Leistungsbilanz, der langfristigen Kapitalbewegungen und der unentgeltlichen Leistungen, nicht dagegen die Salden des kurzfristigen Kapitalverkehrs und der Sondertransaktionen, um die längerfristigen Trends der Z.-entwicklung deutlich zu machen.

Von *fundamentalem Ungleichgewicht der Z.* spricht man, wenn auf längere Sicht die Devisenzu- und -abflüsse sich nicht ausgleichen. Die Ursachen können in der ökonomischen Struktur des Landes liegen, aber auch auf der Struktur der Wechselkurse beruhen. Im ersten Falle muß die Wirtschaftsstruktur langfristig verändert werden, im zweiten Falle kann eine Änderung der Währungsparitäten durch Auf- oder Abwertung der eigenen Währung das Ungleichgewicht beheben.

Verzeichnis der Tabellen und Abbildungen

Sachregister

Inhalt